인도네시아어 회화

표현 UP

Digis는 디지털 외국어 학습을 실현합니다.

쉽고 간단한 **인도네시아어어 회화 표현 UP**

인도네시아는 여러가지 면에서 우리나라와 매우 밀접한 관계를 맺고 있다. 과거 정치적·역사적으로 가까운 관계에 있었다면, 현재는 경제적·문화적으로 더욱 많은 교류가 이루어지고 있다. 한류와 경제협력을 통해서도 많은 사람들이 양국을 오가게 되었고, 필연적으로 서로의 언어를 배워야만 하는 필요성을 동시에 느끼게 되었다.

또한, 다문화시대를 살아가고 있는 우리가 가장 많이 사용하게 될 언어중의 하나가 인도네시아어이다.

그래서 우리말 체계로 생각해도 말은 인도네시아어 식으로 말할 수 있도록 이 책을 만들었다.

① 지금까지 나와있는 문법위주의 딱딱한 인도네시아어가 아니라, 우리말표현을 먼저 생각하고, 그 미묘한 뉘앙스에 따른 현지 인도네시아어를 실었다.

② 또한, 우리가 실생활에서 흔히 접할 수 있는 문장들을 다양한 인도네시아어 표현으로 나타내어, 그때 그때 하고 싶은 말을 바로 바로 구사할 수 있도록 구성하였다.

③ 하나의 문장 속에서 단어를 바꾸어 새로운 문장을 말할 수 있도록 패턴회화를 연습할 수 있도록 하였다.

④ 패턴 회화로 활용할 수 있게 유용한 단어들을 함께 수록하였다.

⑤ 카카오톡 1:1 상담 서비스를 운영하여 보다 쉽게 공부할 수 있도록 하였다.

본 교재가 인도네시아어를 익혀 실생활과 업무에 사용하는 사람들에게 많은 도움이 될 수 있기를 바란다.

Universitas Gadjah Mada 대학 민선희 지음
외국어 교육팀

CHAPTER 0

인도네시아어 발음

기본적인 인도네시아어의 알파벳과 발음을 알아본다.
인도네시아 문자는 로마자로 영어의 알파벳을 사용하며,
자음 21개, 모음 5개의 총 26개의 알파벳으로 이루어져
있다. 잘 듣고 발음을 익히자.

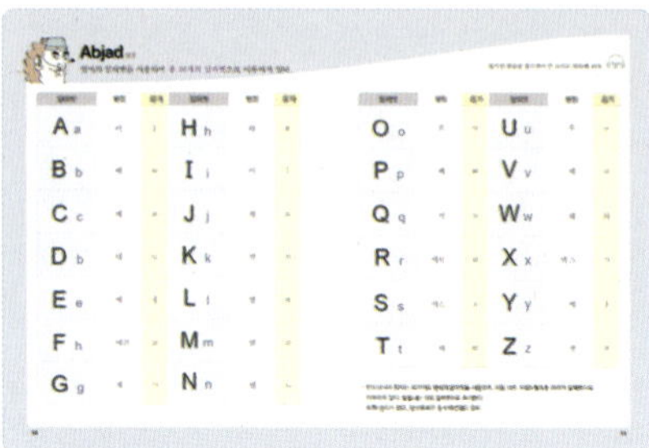

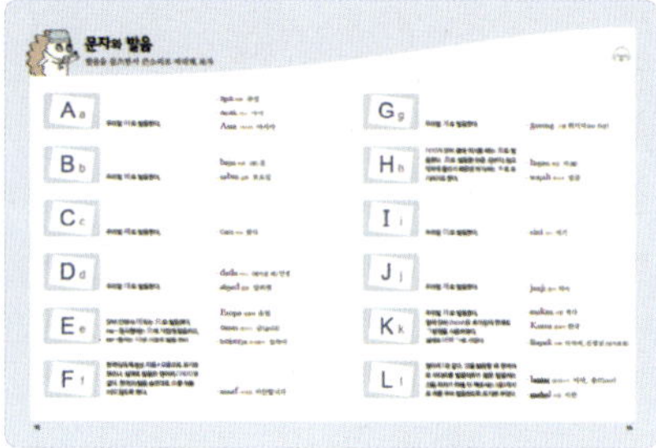

CARTOON

인도네시아어란?

우리말과 인도네시아어의 차이에 대해 알아보고, 인도네
시아의 다양한 호칭을 미리 익히자.

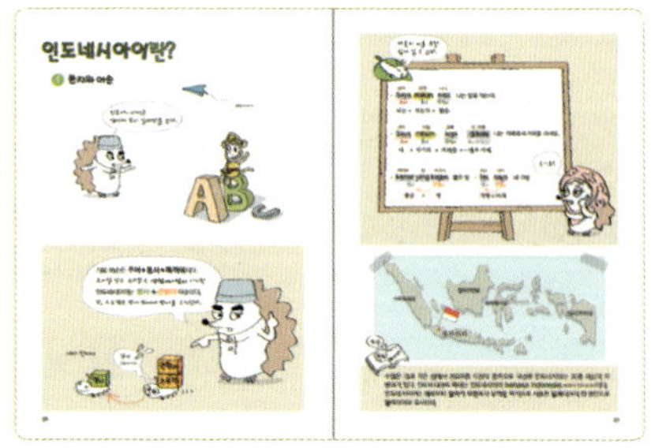

CHAPTER 1

기본회화

현지에서 사용하는 일상적인 회화 중, 가장 기본이 되는
문장들만을 엄선하였다.
원어민이 녹음한 발음을 들으면서 인도네시아어에 익숙
해지도록 하자.

본문

패턴문장과 기본단어

각각의 장면별 상황에 따라 가장 필수적인 패턴문장을
연습하고, 재미있는 일러스트와 함께 기본적인 단어도
익히도록 한다.

유용한 표현

상황에 따라 유용하게 쓸 수 있는 문장들을 엄선하였다.
특히 우리말 뉘앙스에 따른 인도네시아어를 할 수 있도
록 우리말 표현을 먼저 실었다.
문장에서 꼭 알아야 할 문화적 차이나 문법은 tip으로 간
단히 설명하였다.

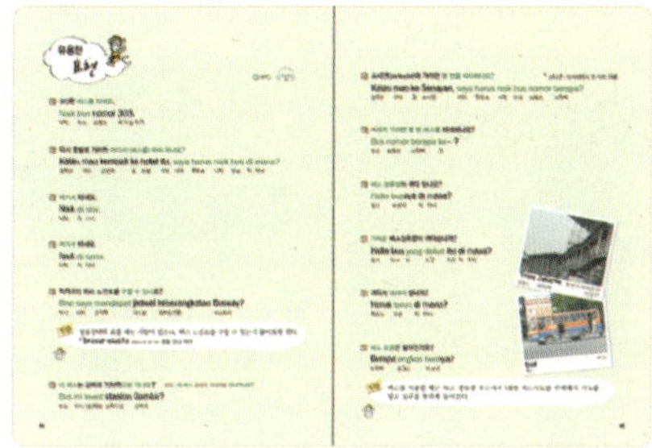

CHAPTER 3

질문과 답변

신상 · 물건 · 시간 · 숫자 · 가격 · 교통 · 위치 · 장소
등과 같은 일상적인 질문들과 답변들을 익힌다.
이유나 설명을 구하거나 부탁, 권유 · 제안, 계획 · 결
정, 충고 · 주의 등의 표현에 대해서도 간단히 알아보자.

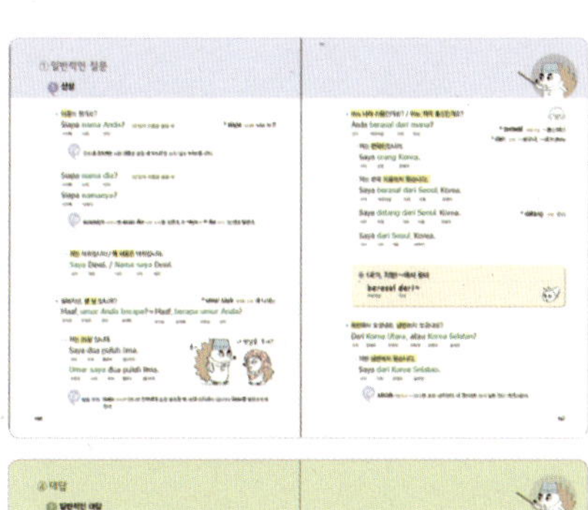

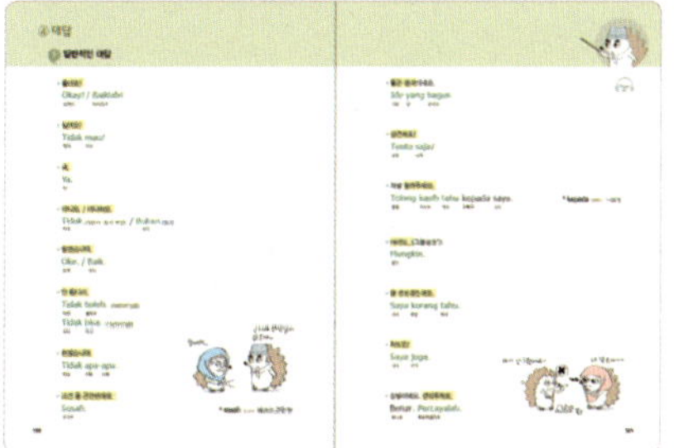

≫ 차례

인도네시아어 발음

인도네시아어에서는 강세에 따라 의미가 달라지는 경우가 거의 없다.
단지, 인도네시아인과 다르게 강세를 주면 어색하게 느껴질 뿐이다.
녹음된 원어민의 발음을 잘 듣고 강세 및 억양을 따라해 보도록 하자.

Abjad 압잣

영어의 알파벳을 사용하며 **총 26개의 알파벳**으로 이루어져 있다.

알파벳	명칭	음가	알파벳	명칭	음가
A a	아	ㅏ	H h	하	ㅎ
B b	베	ㅂ	I i	이	ㅣ
C c	쩨	ㅉ	J j	제	ㅈ
D d	데	ㄷ	K k	까	ㄲ
E e	에	ㅔ	L l	엘	ㄹ
F f	에프	ㅍ	M m	엠	ㅁ
G g	게	ㄱ	N n	엔	ㄴ

알파벳	명칭	음가	알파벳	명칭	음가
O o	오	ㅇ	U u	우	ㅜ
P p	뻬	ㅃ	V v	페	ㅍ
Q q	끼	ㄲ	W w	웨	와
R r	에르	ㄹ	X x	엑스	ㄱ
S s	에스	ㅅ	Y y	예	ㅑ
T t	떼	ㄸ	Z z	젯	ㅈ

• 인도네시아 문자는 로마자로 영어의 알파벳을 사용하며, 자음 21개, 모음 5개의 총 26개의 알파벳으로
  이루어져 있다. 발음나는 대로 알파벳으로 표기된다.
  또한 성조가 없고, 성性에 따른 동사의 변화도 없다.

문자와 발음

발음을 들으면서 큰 소리로 따라해 보자

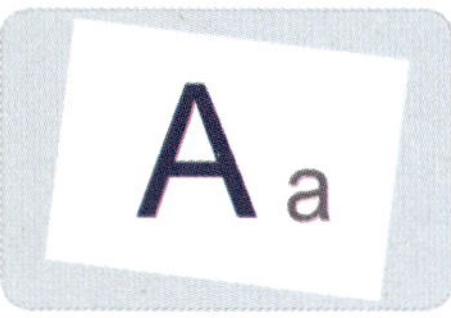

우리말 **아**로 발음한다.

- apa 아빠 무엇
- anak 아낙 아이
- Asia 아시아 아시아

우리말 **베**로 발음한다.

- baju 바주 (윗) 옷
- sabtu 삽뚜 토요일

우리말 **쩨**로 발음한다.

- cari 짜리 찾다

우리말 **데**로 발음한다.

- dada 다다 (헤어질 때) 안녕
- abjad 압잣 알파벳

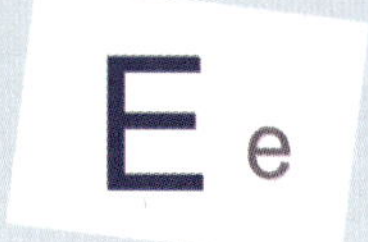

단어 안에서 **에** 또는 **으**로 발음된다.
me- **동사형태**는 **으**에 가깝게 발음하고,
ber- **동사**는 **어**에 가깝게 발음 한다.

- Eropa 에로빠 유럽
- emas 으마스 금(gold)
- bekerja 버꺼르자 일하다

한국어의 특성상 **자음+모음**으로 표기하
였으나, 실제로 발음은 영어의 **f(에프)**와
같다. 한국어 발음 습관대로 **으**를 덧붙
이지 않도록 한다.

- maaf 마아프 미안합니다

G g

우리말 **게**로 발음한다.

- **goreng** 고렝 튀기다(to fry)

H h

h(하)가 단어 끝에 위치할 때는 **흐**로 발음한다. 흐로 발음할 만큼 강하지 않고 약하게 들리기 때문에 여기서는 **ㅎ**로 표기하기로 한다.

- **hujan** 후잔 비(雨)
- **wajah** 와자ㅎ 얼굴

I i

우리말 **이**로 발음한다.

- **sini** 시니 여기

J j

우리말 **제**로 발음한다.

- **janji** 잔지 약속

K k

우리말 **까**로 발음한다.
옆의 단어 Bapak은 표기상의 한계로 ㄱ받침을 사용하였다.
실제로 **바빠ㄱ**에 가깝다.

- **makan** 마깐 먹다
- **Korea** 꼬레아 한국
- **Bapak** 바빠ㄱ 아저씨, 선생님 (남자호칭)

L l

영어의 l과 같다. 엘을 발음할 때 한국어로 **라디오**를 발음하듯이 잘못 발음하는 것을 피하기 위해, 이 책에서는 **(을)**위치에 혀를 두어 발음하도록 표기해 두었다.

- **lantai** (을)란따이 바닥, 층(floor)
- **mahal** 마할 비싼

M m

우리말 엠으로 발음한다.

- nama 나마 이름
- jam 잠 시, 시간

N n

우리말 엔으로 발음한다.

- minum 미눔 마시다
- makan 마깐 먹다

O o

우리말 오로 발음한다.

- roti 로띠 빵

P p

우리말 뻬로 발음한다.

- pagi 빠기 아침
- sup 숩 국(soup)

Q q

우리말 끼로 발음한다.

- Quran 꾸란 이슬람경전

R r

문두에 올 때는 영어의 radio를 발음할 때를 상기한다. 하지만 문미에 올 때는 갓난아이에게 '까르르르르'라고 할 때 처럼 떨며 발음한다.

- romantis 로만띠스 로맨틱한
- tidur 띠두르 자다
  한국어 표기의 한계로 인해
  으를 붙여두었다.

S s

문미에 오는 S를 발음할 때는 우리말 으를 붙이지 않고 영어의 nice를 발음할 때처럼 발음하도록 한다.

- supir 수삐르 운전수
  실제 구어체에서는 sopir 소삐르로
  흔히 발음한다.
- es 에스 얼음

우리말 떼로 발음한다.

- tomat 또맛 토마토
- tisu 띠수 휴지

우리말 우로 발음한다.

- utara 우따라 북쪽

우리말 페로 발음한다.
영어의 v와는 다르므로 주의한다.
f에 더 가깝다.

- visa 피사 비자
- televisi 뗄레피시 TV

우리말 웨로 발음한다.

- wisata 위사따 (관광)투어

우리말 엑스로 발음한다.
이 알파벳을 사용하는 인도네시아어 단어는 거의 없다.

우리말 예로 발음한다.

- ayam 아얌 닭

우리말 젯으로 발음한다.
영어의 zoo를 발음할 때와 같다.

- azan 아잔
  (이슬람)기도를 알리는 소리

이중 모음 · 자음

발음을 들으면서 큰소리로 따라해 보자

 ## 이중모음(복모음)

인도네시아어의 이중모음(복모음)은 **ai** 아이, **au** 아우, **oi** 오이 3개가 있다.

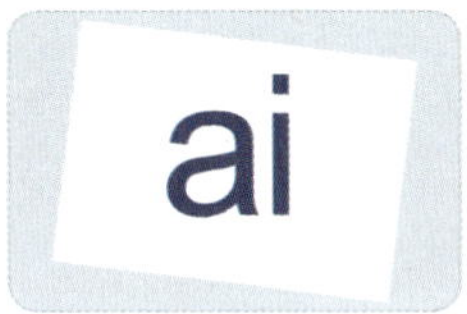

우리말 **아이**로 발음한다.
애(이)로 발음하기도 한다.

- **capai** 차빠이 피곤한
  구어체에서는 capai 차빠ㄱ 와 같이 흔히 발음한다.
  비표준 표기 capek 에서 온 것
- **bagaimana** 어떻게, 어떤
  바게이마나/바가이마나

우리말 **아우**로 발음한다.
오우로 발음하기도 한다.

- **saudara** 형제
  사우다라/소다라

우리말 **오이**로 발음한다.

- **oi!** 오이 아!(감탄사)

 **2** **이중자음(복자음)**

인도네시아어의 이중자음은 kh 까하, sy 에스예, ng 응, ny 엔예 4개가 있다.

우리말 흐와 크의 중간음을 내야 하므로 발음하기가 어렵다. 사람에 따라 흐가 더 두각되기도 하고, 크가 더 두각되어 나타나기도 한다.

• khawatir 걱정하다
카와띠르/하와띠르

우리말 샤, 슈, 쇼와 비슷하다.

• syarat 샤랏 조건

우리말 응의 ㅇ받침소리로 발음한다.

• menghemat (돈을)아끼다
믕헤맛

• nyonya 뇨냐 영어의 Ms.
(요즘은 거의 쓰이지 않음)

우리말 냐, 녀, 뇨, 뉴와 비슷하다

• tanya 따냐 묻다 (to ask)

CARTOON
인도네시아어란?

인도네시아어의 문자와 어순에 대해 재미있는 일러스트로 구성히였디.
재미있게 읽으면서 인도네시아어를 이해하도록 하자.

인도네시아어란?

Hi~~~
인도네시아어는
영어와 같이 알파벳을 쓴다.
기본 어순은 주어＋동사＋목적어이다.
주의할 점은 우리말은 관형어+명사 이지만
인도네시아어는 명사 + 관형어 어순이다.
또, 소유격은 명사 뒤에서 명사를 수식한다.
내가 먼저야
같이
가~~~
명사
관형어
소유격

- 사야 / 마깐 / 나시
  Saya makan nasi. 나는 밥을 먹는다.
  주어 / 동사 / 목적어
  나는 + 먹는다 + 밥을

- 사야 / 미눔 / 꼬삐 / 디 까페
  Saya minum kopi di kafe. 나는 카페에서 커피를 마셔요.
  주어 / 동사 / 목적어 / 부사구 (장소)
  나는 + 마신다 + 커피를 + ~에서 카페

- 까마르 / 양 / 바구스
  kamar yang bagus 좋은 방
  명사 / 관형어
  좋은 + 방

- 따스 / 사야
  tas saya 내 가방
  명사 / 소유격
  가방 + 나의

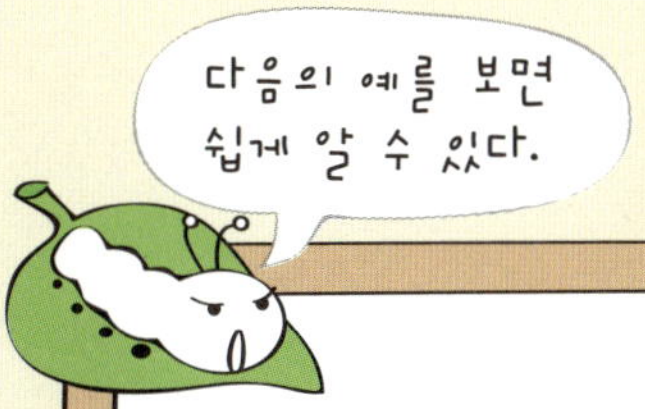

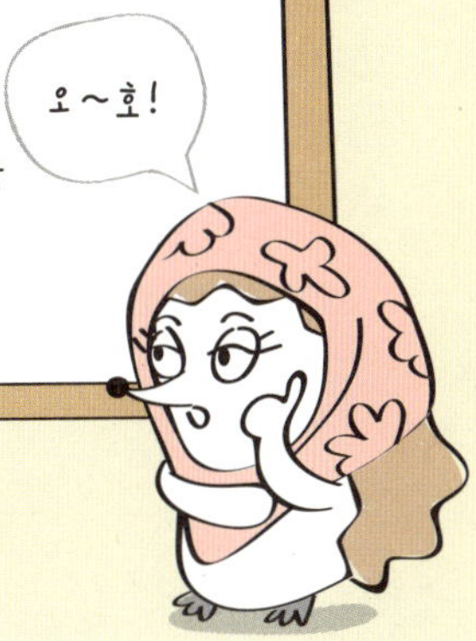

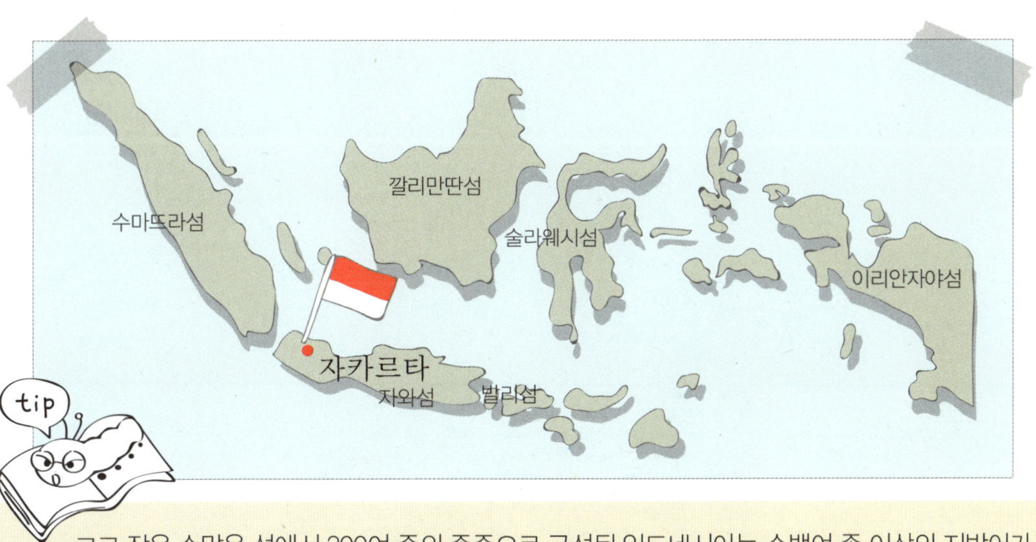

크고 작은 수많은 섬에서 300여 종의 종족으로 구성된 인도네시아는 수백여 종 이상의 지방어가 있나. 인도네시아의 국어는 **인도네시아어 bahasa Indonesia** 바하사 인도네시아이다.
인도네시아어는 예로부터 말라카 해협에서 무역을 목적으로 사용된 말레이어의 한 방언으로 말레이어와 유사하다.

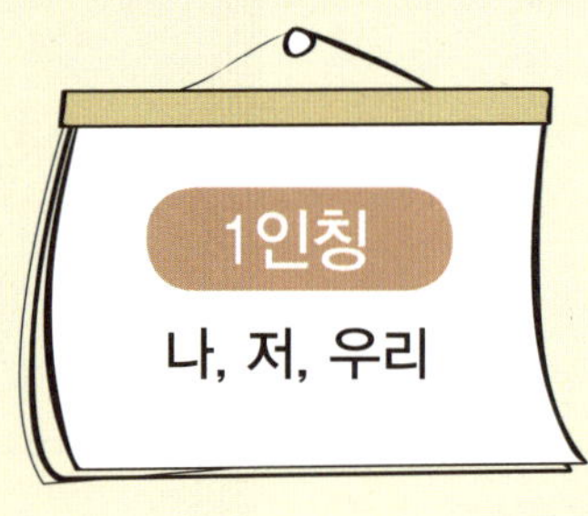

▮ 단수일 경우

saya 사야

aku 아꾸 – 친근한 사이에서 쓰인다.

*비즈니스상에서는 aku 아꾸를 쓰지 않도록 조심한다.
격의 없는 사이라면 괜찮다.

▮ 복수일 경우

kita 끼따 듣는 사람 포함   우리
kami 까미 듣는 사람 제외 우리, 저희

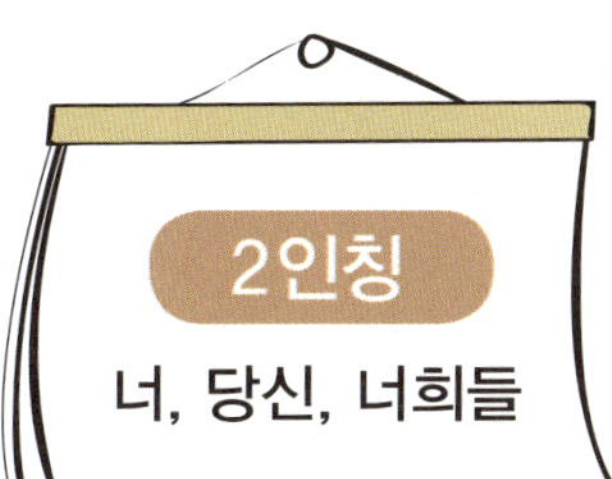

2인칭
너, 당신, 너희들

:단수일 경우

Anda 안다 항상 대문자 A를 쓴다.
kamu 까무
engkau 응까우
kau 까우
Saudara 사우다라/소다라

:복수일 경우

kalian 깔리안 너희들
Anda sekalian 안다 스깔리안 여러분들
Saudara-saudara 사우다라-사우다라
　　　　　　　　　소다라-소다라

Anda 안다
본 책에서는 주로 2인칭으로 Anda를 사용하였다.
안면이 있거나 친한 윗사람에게는 사용하지 않는다. 관계적으로 거리가 있거나,
통성명을 하지 않은 (모르는)사람에게 쓰는 말이다.
나이가 있는 사람이 격의 있는 사이인 손아랫사람을 부를 때 사용한다.
현지사람이 외국인 관광객에게 Anda를 사용하는 것을 자주 들을 수 있을 것이다.

kamu 까무 너
나보다 한 두살 위라고 할지라도 친한 친구처럼 지내는 사이에 쓸 수 있다.

engkau 응까우를 줄여 kau 까우라고도 한다.
종교에서 하느님을 부를 때 engkau라고 하기도 하고, 노래 가사에 많이 등장하
는 2인칭 너, 그대의 의미이다.

3인칭
그, 그녀, 그들

:단수일 경우

dia 디아 – 3인칭 남/녀를 모두 칭한다.
ia 이아 – dia에서 줄여진 것으로 문체에서 ia라 쓰기도 한다.

beliau 블리아우 – 3인칭의 존칭으로
　　　　　　　　 그 분/이 분 정도의 의미이다.

:복수일 경우

mereka 므레까 그들

밥을 먹고 있을 때 누군가가 왔거나, 지나갈 때에도 **Mari (makan)** 마리 (마깐)이라는 표현을 쓰는데, 이를 직역하여 **같이 먹자**라고 해서 그대로 받아들이지 말자.

이 같은 상황에서 실제의미는 내가 밥을 먹고 있으니 미안하여 인사로 건네는 것이다. 우리네와 같이 시골에서 누군가가 새참을 먹으면서 지나가는 사람에게 **식사 하셨습니까?** (같이 드십시다) 하는 것과 같은 맥락이다.

kamu 까무 (2인칭) – 누군가 길을 지나가거나, 어디에 가려고 할 때 자주 물어보는 표현이다. 관심의 표현이라고보면 되겠다. 일일이 어디에 간다고 말하기 어려울 때는 ke sana~ 끄 사나 **저~기 어디 가~** 정도로 대답해도 된다.

(Kamu) Dari mana?
(까무)　　　다리　마나
어디 갔다 와?

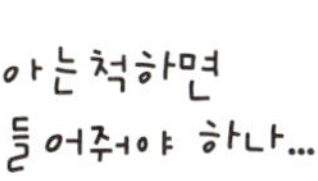

누군가를 처음 만났을 때는 (국가)출신을 물어보는 표현이 되겠지만, 일상 생활에서는 **어디 다녀오냐?**라는 뜻이다. **Dari pasar** 다리 빠사르 **시장 다녀와.** 로 대답할 수 있겠다. 이 또한 관심의 표현이다.

(Kamu) Sudah mandi?
(까무)　　　수다ㅎ　　　만디
샤워 했어?

인도네시아인들은 하루에 2번 샤워를 한다. 1년 내내 열대기후이기 때문에 땀을 많이 흘려 냄새가 나는 것을 방지한다. 오후 해질무렵에 이 표현을 자주 사용한다. 우리의 **식사 하셨어요?**와 같은 **때에 맞는 인사법**이라 할 수 있다.

tip

terima 뜨리마 는 **받다**라는 뜻이고, kasih 까시ㅎ 는 **사랑, 관심, 애정**이라는 뜻이다. 당신에게 관심과 애정을 받았다라는 표현이 우리의 **감사하다**는 표현이다.

kembali 끔발리 에는 **돌려주다, 돌아가다**라는 의미가 있다. 누군가가 감사하다고 표현을 했을 때의 대답으로 Terima kasih kembali 라고 하는 것은 나도 이 전에 도움을 받았으니 이제 **나도 도움을 돌려주는 것이다**라는 의미이다.

tip

sama 사마 는 **같다**라는 뜻을 갖고 있는데, 누군가가 고맙다고 인사를 했을 때 **나도 고맙다**라는 의미로 sama-sama 사마-사마 를 쓴다.

인도네시아인들은 '내가 도움을 받았을 때 나도 언젠가는 그 사람에게 도움을 주어야 한다'고 생각을 한다.

④ 수동태 표현

QUIZ

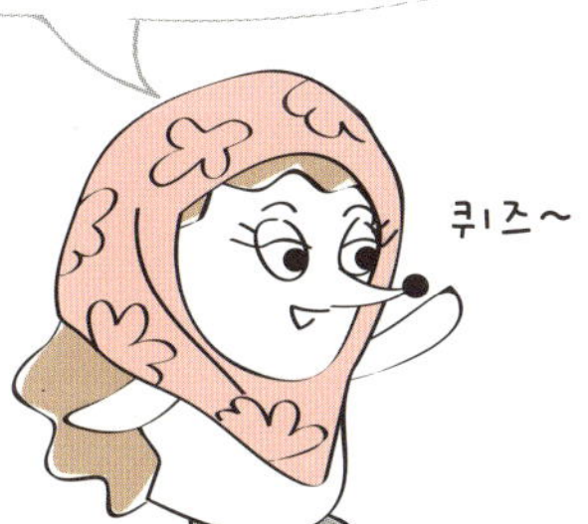

tip

이때 **전화를 하다**라는 동사는 menelepon 므넬레뽄 인데, 원형 telepon 뗄레뽄
앞에 수동대 접두시 di- 디를 붙여서, ditelepon 디뗄레뽄 이 되었디.
능동동사인 menelepon 므넬레뽄은 기본형인 telepon 뗄레뽄과 men- 믄- 이
결합하고, t가 없어져서 menelepon 므넬레뽄 이 된 것이다.

호칭

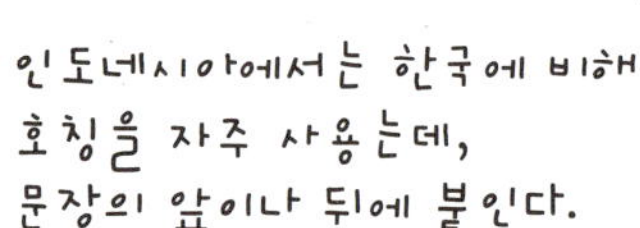

한국과 인도네시아의 호칭 차이

인도네시아에서는 호칭 + 어른 이름 ➡ 친근하고 예의 갖춘 표현이다.

1. 우리나라는 윗어른의 이름을 부르지 않고 호칭만을 사용하지만, 인도네시아에서는 **호칭 뒤에 이름을 함께 붙여** 윗어른을 부르는 것이 친근함을 더하고 예의를 갖춘 것이 된다.

2. 친지와 타인에 대한 호칭이 다른 경우가 있지만, 인도네시아에서는 그러한 구분이 없이 거의 동일하게 사용한다.

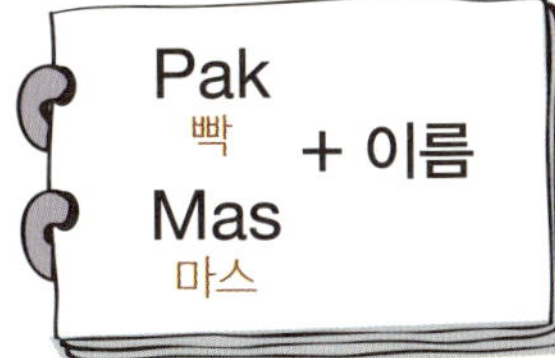

Pak Yudi 빡 유디 유디 씨, 유디 아저씨, 유디 선생님
Mas Yudi 마스 유디 유디 오빠/형, 유디 씨, 유디 아저씨

Point

Pak 빡은 Bapak 바빡을 줄인 말로서 구어체이고, 공식적인 자리에서 Bapak 바빡 / Pak 빡을 쓴다. Pak 빡은 보통 결혼한 남자이거나, 미혼이라도 상대방을 높여 부를 때 쓴다. 나이가 어느정도 든 사람에게는 Pak 빡이라고 하는 것이 맞다.

결혼을 한 남자라도 Pak보다는 Mas 마스라고 불리는 것을 좋아하는 경향이 있다. 우리가 동안이라는 칭찬을 들었을 때와 같은 느낌이라고 보면 되겠다.

Pak 빡과 Mas 마스는 상대적이기도 하다. 나이가 들었더라도 비슷한 연배이거나 친분이 있는 사람 또는 친지로부터 Mas 마스라는 호칭을 들을 수도 있다.

아내가 남편에게 Mas 마스, 또는 Pak 빡이라고 하며, 아이들은 아버지에게 Pak 빡이라고 부른다.

Tuan 뚜안은 영어의 *Mr.* 에 해당하는데, 요즘은 거의 사용하지 않는다.

Bu Tuti 부 뚜띠 뚜띠 씨, 뚜띠 아줌마, 뚜띠 선생님

Point

Bu 부는 Ibu 이부를 줄인말로, 공식적인 자리에서 Ibu 이부 / Bu 부를 쓴다. 보통 결혼한 여자이거나, 미혼이라도 상대방을 높여 부를 때 쓴다. 나이가 어느정도 든 사람에게는 Bu 부라고 하는 것이 맞다.

Ibu 이부는 원래 어머니라는 뜻으로, 아이들이 어머니에게 Bu 부라고 부른다.

자카르타에서 남자를 부르는 말로 쓰인다.

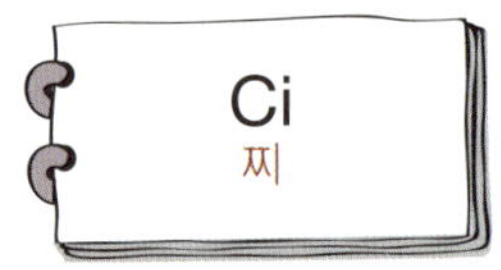

중국계 인도네시아인이나 중국인 처럼 보이는 동양 외국인을 부를 때
쓰는 말로, 길에서 동양계 여자 여행객이 흔히 들을 수 있는 호칭이다.

이 말은 중국을 뜻하는 China/Cina 찌나를 줄인말이다. 약간의 인종주의적인 느낌을
줄 수 있으므로, 들었을 때 **이해하는 정도로만 알고 있는 것이 좋을 듯** 하다.

중국을 칭할 때 인도네시아에서 일반적으로 Cina 찌나라고 한다.

영어의 **chairman**이 성차별적 단어라 하여 **chairperson**으로 바뀐 것 처럼, 인도네시
아에서도 지식층사이에서는 China로 사용하는 것이 확산되고 있다.

Mbak 음박 젊은 여자 / 여자 종업원을 부를 때

발음 주의
한국식으로 박을 강조하여 발음하게 되면 어색한 발음이 된다.
음바ㄱ 이렇게 발음하도록 하고, ㄱ받침을 완전히 발음하여 박으로
발음하지 않도록 한다.

Permisi 뻐르미시 실례합니다

Nyonya 뇨냐 영어의 *Ms.* / **Nona** 노나 영어의 *Miss*
Tuan 뚜안 영어의 *Mr.*
그러나 **Nyonya** 뇨냐 / **Nona** 노나 / **Tuan** 뚜안 보다는 **Bapak** 바빡 / **Ibu** 이부를
더 많이 사용한다.

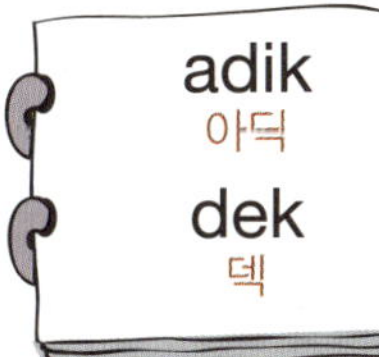

아이/청소년에게 (성별 상관없이)

CHAPTER 1
기본 회화

처음 만났을 때는 악수를 하고 시간대에 맞는 인사를 건네면서
각자의 이름을 말한다.
인도네시아에서는 이름을 아는 것이 매우 중요하다.

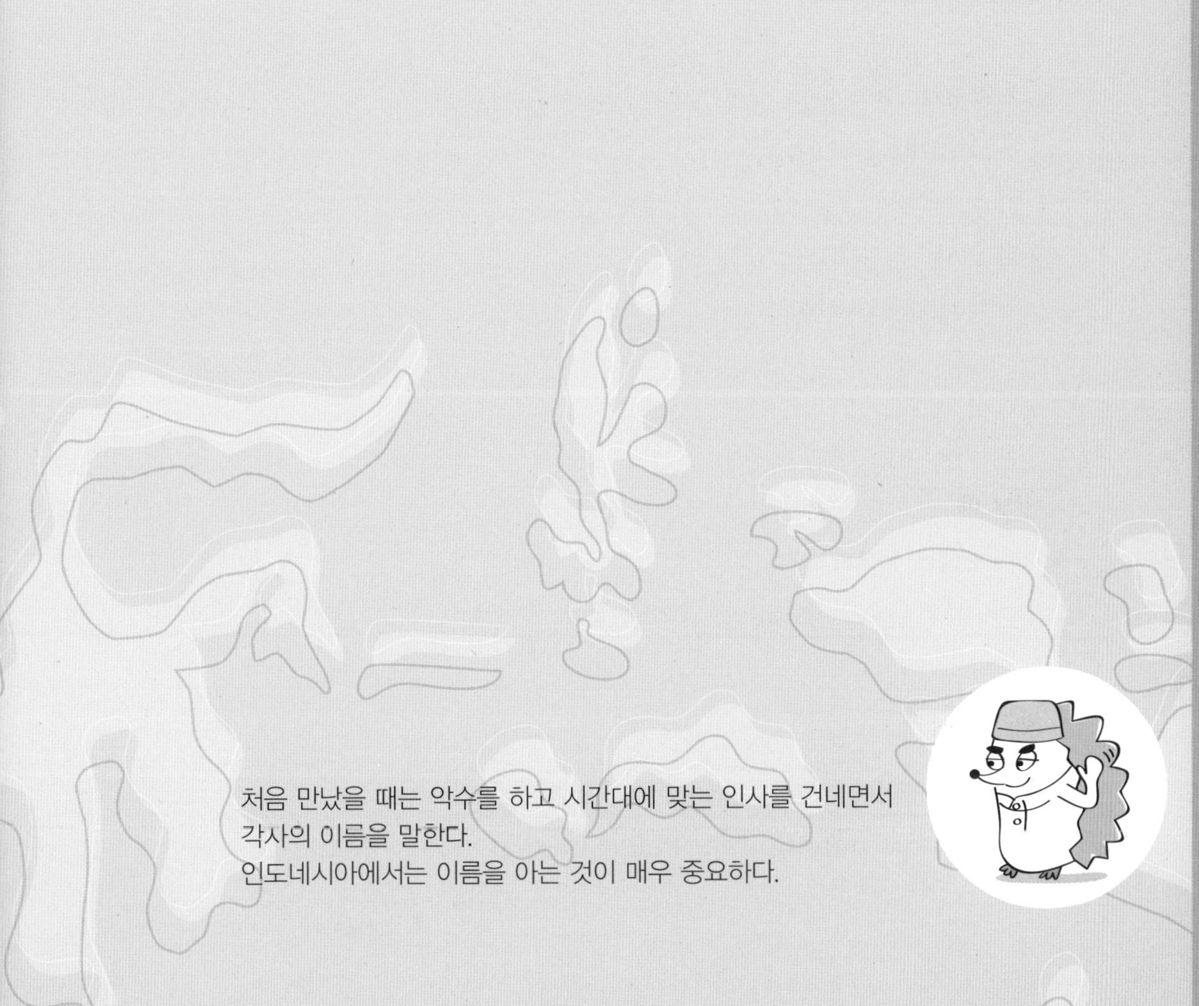

1.기본 인사

① 시간대별 일상 인사

✽ **아침 인사** 해가 뜬 후

Selamat pagi. = pagi! 구어체
슬라맛　　　　빠기　　　　빠기

✽ **점심 인사** 해가 떠서 중천에 있을 때까지

Selamat siang.
슬라맛　　　　시앙

✽ **늦은 오후 인사** 해가 중천에 떠 있지 않고, 지려고 할 즈음

Selamat sore.
슬라맛　　　　소레

✽ **저녁 6시** 깜깜한 밤이 되기 전 ; 자주 사용하는 편은 아니다

Selamat petang.
슬라맛　　　　쁘땅

✽ **밤 인사** 해가지고 깜깜할 때 부터

Selamat malam.
슬라맛　　　　말람

만날 때

● 부디 선생님, 안녕하세요.

Selamat (pagi / siang / sore), Pak Budi.
슬라맛　　　　빠기　　시앙　　소레　　　빡　　부디

헤어질 때

● 저 먼저 집에 가봐야 해요. 안녕히 계세요.

Saya harus pulang dulu Pak. Selamat siang, Pak.
사야　　하루스　뿔랑　　　둘루　　빡　　슬라맛　　　시앙　　빡

* Bapak 바빡 = Pak 빡 = 영어의 Mr.

Tip 낮인사로 헤어질 때 **Selamat siang.** 슬라맛 시앙 은 영어의 *good afternoon*과 같다.
한국식으로 **안녕히 계세요.**라는 의미이다. 또는 만날 때 **안녕하세요.**하고 인사로도 사용된다.

Selamat tinggal. 슬라맛 띵갈 은 오랫동안 헤어지게 되거나 앞으로 영영 헤어질 때 **잘 지내세요.** 라는 뜻으로 쓰이므로 자주 만나는 사람과 헤어질 때 사용하지 않도록 주의한다.
즉, 번역식으로 잘못 해석하여 내일 또 만날 사람에게 하는 인사인 **안녕히 계세요.**로 이해하지 않도록 한다. (영어로 말하면 *stay well / stay cool* 정도가 되겠다.)

전화 대화에서도 마찬가지로, 처음 인사할 때와 수화기를 놓을 때 둘 다 **Selamat siang.**
슬라맛 시양 을 쓸 수 있다.

〈햄버거 배달을 시키기 위해 맥도날드에 낮 시간에 전화를 한 상황이다.〉

 안녕하세요, 무엇을 도와드릴까요?

Selamat siang, bisa saya bantu?
슬라맛　　　시앙　　　비사　　사야　　　반뚜

 안녕하세요, 치킨 햄버거 세트 주문하려고요.

Selamat siang, saya mau pesan *chicken burger set.*
슬라맛　　　시앙　　사야　　마우　　쁘산　　　찌끈　　　버거르　　셋

 치킨 버거 세트 말씀이시죠, 몇 개요?

Chicken burger set ya Bu, berapa set?
찌끈　　　　버거르　　셋　야　부　　브라빠　　셋

〈대화가 진행 된 후〉

 감사합니다. 즐거운 오후 보내세요.

Terima kasih. Selamat siang.
뜨리마　　　까시ㅎ　　슬라맛　　시양

*본 책에서 영어는 이탤릭체로 표시하였다.

② 만날 때 인사

무슬림들은 다음과 같이 인사한다. (아랍어에서 온 것으로 표기는 다르다)

✳ **평화가 깃들기를 바랍니다.**

Assalamu alaikum.
   아살라무   알라이꿈

전화, 만났을 때, 누군가의 집을 방문할 때, 연설(발표)를 할 때 등

✳ **당신에게도 평화가 깃들기를 바랍니다.**

Walaikum salam.
   와알라이꿈   살람

● **어떻게** 지내?/ **잘** 지내셨어요? **어떻게** 지내세요?

Bagaimana kabarmu? / Bagaimana kabar Bapak?
  바가이마나   까바르무   바가이마나   까바르   바빡

● 무슨 새로운 **소식** 있어? 어떻게 지내?

Apa kabarmu?
  아빠   까바르무

* kabar 까바르 소식, 안부

> **Tip**
> Bagaimana kabarmu 바가이마나 까바르무 는 영어 *what's new*와 같은 의미로 새로운 소식이 있는
> 지 근황을 물어보는 인사말이다. 첫 만남에서 인사로 쓸 수 있는 **안녕하세요.** 가 아니기 때문에 처음 만나
> 는 사람에게 쓰지 않도록 주의 한다.
> kabar 까바르 + kamu 까무 가 kabarmu 까바르무 가 된 것이다.

처음 만났을 때는 다음과 같이 인사할 수 있다.

● **만나서 반갑습니다.**

Senang bertemu dengan Anda.
  스낭   버르뜨무   등안   안다

● **알게되어** 기분이 좋네요.

Senang berkenalan dengan Anda.
  스낭   버르끄날안   등안   안다

❀ 또 만날 때 까지... **=** 다음에 봐요.

Sampai jumpa./ Sampai bertemu.
삼빠이　　줌빠　　　삼빠이　　버르뜨무

❀ **안녕** 친구와 헤어질 때

Dada.
다다

● 집에 **조심해** 가세요. / **길** 조심하세요.

Hati-hati pulang. / Hati-hati di jalan.
하띠　하띠　뿔랑　　　하띠　하띠　디　잘란

먼저 자리에서 일어나거나, 먼저 가 봐야 할 일이 있을 때 다음과 같이 인사할 수 있다.

● **먼저** 가 보겠습니다.

Saya pergi duluan./ Saya duluan ya.
사야　뻐르기　둘루안　　사야　둘루안　　야

> **Tip** 문미에 ya 야는 조금 더 **부드럽고 친근한** 느낌을 준다.

● **또 만나요.**

Sampai jumpa lagi.
삼빠이　　줌빠　　(응)라기

인도네시아에서 쓰이는 **지칭**

① kakek 까껙
할아버지

② nenek 네넥
할머니

③ mertua 머르뚜아
시아버지·시어머니

＊ 다른 사람에게 시부모를 소개할 때 쓰는 호칭,
시부모를 부를 때는 Bapak(Pak) 바빡 (빡),
Ibu(Bu) 이부/(부) 라고 한다.
한국은 시아버지, 시어머니를 구분하지만 인도네
시아에서는 시부모님이라고 총칭하여 쓴다.

④ ayah 아야ㅎ /Bapak 바빡 /Pak 빡
아버지

⑤ Ibu 이부 / Bu 부 / bunda 분다
어머니

⑥ menantu 므난뚜
사위·며느리

⑦ Mas 마스
오빠. 형
(=kakak laki-laki)
까깍　(을)라끼-(을)라끼

⑧ adik 아딕
동생

⑨ suami 수아미
남편

⑩ istri 이스뜨리
아내

보통 부인은 남편을 Bapak(Pak) 바빡/빡
또는 Mas 마스라고 부르고,
남편은 부인에게 OO엄마라고 부른다.

⑪ keponakan 끄뽀나깐
조카

⑫ anak laki-laki 아낙 (을)라끼-(을)라끼 /
putra 뿌뜨라
아들

⑬ anak perempuan 아낙 쁘름뿌안 /
putri 뿌뜨리
딸

⑭ anak 아낙
자식

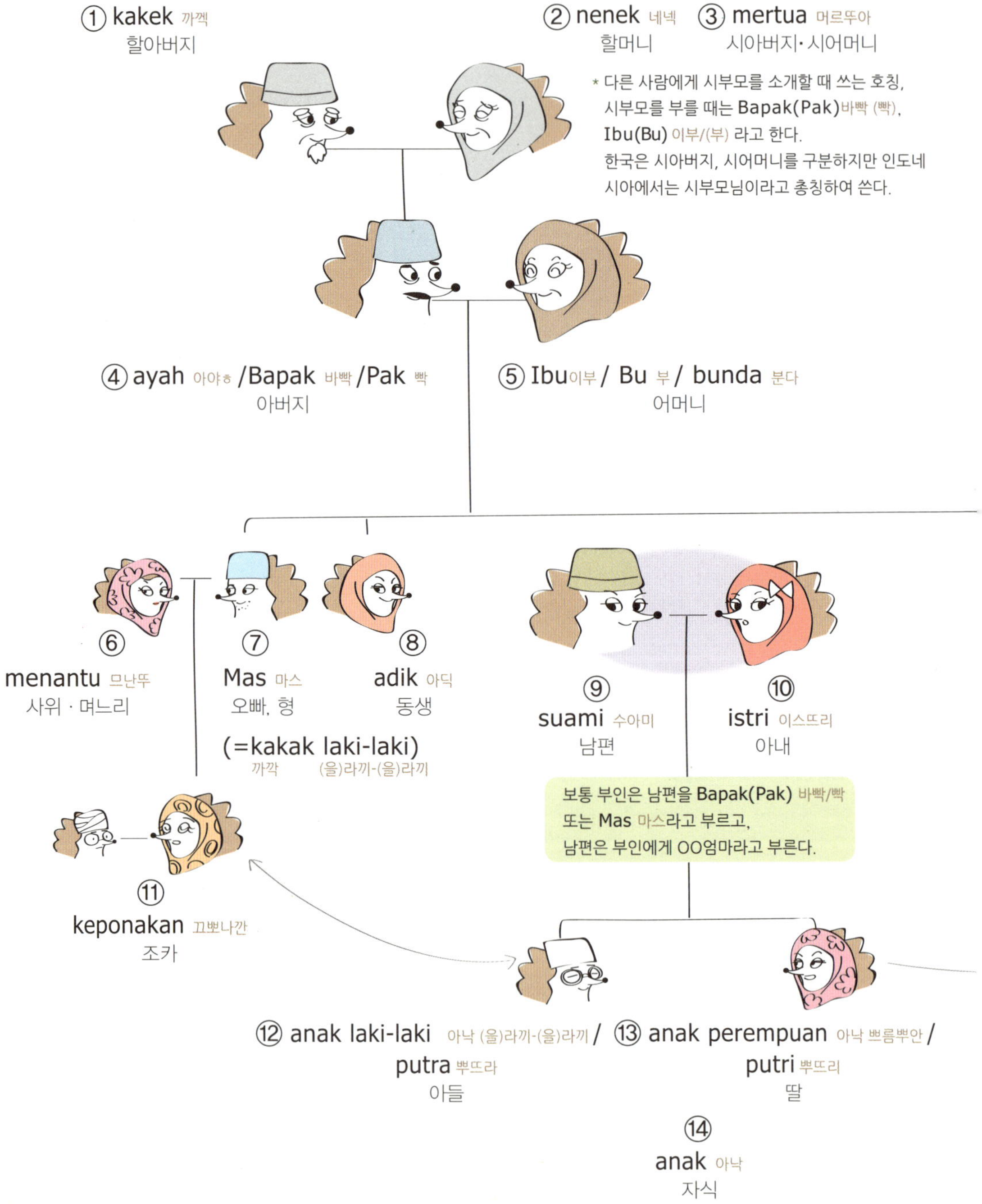

⑲ **saudara** 사우다라/소다라   형제 · 자매

⑳ **cucu** 쭈쭈   손자, 손녀

㉑ **tante** 딴뜨   고모 · 이모   *우리가 식당 아주머니를 이모라 하듯이 친한 사람에게 tante 딴뜨 라 부른다.
여자들이 친구의 자식을 만나면 이모소리를 듣는 것도 같다.

㉒ **adik ipar** 아딕 이빠르   제부 · 처제 · 도련님   *부를 때는 Mas 마스 / Mbak 음박이라고 한다.

㉓ **paman** 빠만 / **om** 옴   (외)삼촌   *아버지나 어머니의 남동생 paman 빠만
아버지나 어머니의 손윗형제 또는 남동생 om 옴

㉔ **kakak ipar** 까깍 이빠르   형수, 매형, 형님

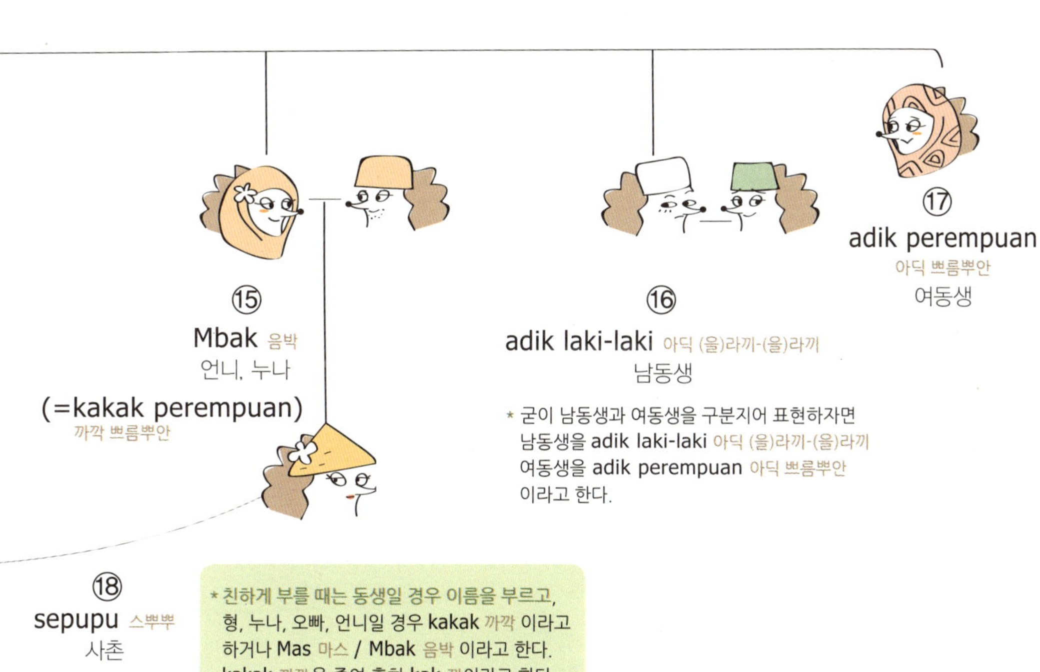

2. 축하와 기원

① 축하

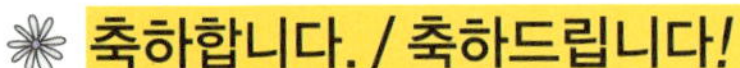

🌼 **축하합니다. / 축하드립니다!**

Selamat.
슬라맛

🌼 **생일** 축하드립니다.

Selamat ulang tahun.
슬라맛　　　　울랑　　　　따훈

● **결혼 축하드립니다.**

Selamat menempuh hidup baru!
슬라맛　　　　므눔뿌ㅎ　　　　히둡　　　바루

Tip 결혼을 하면 새 삶을 산다고 생각하여 **새로운 삶을 시작하게 된 것을 축하합니다**라는 의미로 인사를 한다.

● 그 **행운**의 남성(여성)은 누구인가요? 직역 : 당신을 배우자로 맞은 사람은 참 운이 좋은 사람이군요.

Siapa yang beruntung mendapat Anda?
시아빠　　　양　　　버르운뚱　　　　므다빳　　　　　안다

Tip 이 때에도 Anda 안다 대신에 Mas 마스 / Mbak 음박 +이름으로 바꿔 사용하는 것이 좋다.
젊은 나이에 결혼을 하는 것은 Bapak 바빡 / Ibu 이부 보다는 Mas 마스 / Mbak 음박 이 적합하다.

● 두 분이 **행복하**시길 빕니다.

Saya berharap Anda berdua hidup berbahagia.
사야　　버르하랍　　　안다　　　버르두아　　히둡　　버르바하기아

● 부인이 임신하셨다면서요? 축하합니다.

Saya dengar istri Anda sedang/sudah hamil. Selamat ya.
사야　　등아르　　이스뜨리 안다　　스당　　수다ㅎ　　하밀　　슬라맛　　야

> *Tip* ① sedang 스당 (지금)~하고 있는 중인　　② sudah 수다ㅎ (이미) ~한
> 둘 중의 하나를 쓴다.

* sedang hamil 스당 하밀 임신 중
* sudah hamil 수다ㅎ 하밀 임신을 (이미) 한 상태

● 우리의 성공을 자축합시다.

Mari kita merayakan kesuksesan kita.
마리　　끼따　　므라야깐　　　　고숙세산　　　　끼따

● 아주 기쁘시겠어요!

Anda pasti senang sekali!
안다　　빠스띠　　스낭　　스깔리

　❋ Anda 안다보다 Mas 마스/Bapak 바빡/Ibu 이부/Mbak 음박 등 **호칭+이름**을 쓴다. 

Pak ➕ 남자이름
빡

　예 아주 기쁘시겠어요!
　Pak Anto pasti senang sekali! 빡 안또 빠스띠 스낭 스깔리　　현지표현

● 저도(그 소식을 들으니) 기쁩니다. 직역 : 다른 사람의 좋은 소식을 듣고 함께 기뻐 해 준다.

Saya juga ikut senang.
사야   주가   이꿋   스낭

✳ 소식을 듣다.

mendengar kabar
믄둥아르   까바르

 그 소식 들었어? 안 들었어?

Kamu sudah mendengar kabar itu, belum? 까무 수다ㅎ 믄둥아르 까바르 이뚜 블룸

Tip 인도네시아에서는 **소식을 받다**로도 표현한다.⇨ mendapat kabar 믄다빳 까바르

예》 Sudah mendapat kabar, **bukan**? 수다ㅎ 믄다빳 까바르 부깐 소식 들으셨지요?
Sudah mendapat kabar, **kan**? 수다 믄다빳 까바르 깐

부가의문문 형식으로 bukan 부깐을 kan 깐으로 줄여 말한다.

● 축하할 일이 생겼다고 들었습니다. 직역 : 기쁜 소식이 있다고 들었습니다.

Saya mendapat kabar yang menggembirakan.
사야   믄다빳   까바르   양   믕금비라깐

● 축하한다! 네가 정말 해냈구나.

Selamat, kamu berhasil.
슬라맛   까무   버르하실

＊ berhasil 버르하실 성공하다

Tip 축하할 때. Selamat 슬라맛 **축하합니다** 한마디로 통용될 수 있다. 구체적인 상황별 인사는
아래에 자세히 나와 있다. 무언가를 **열심히 하세요. 즐겁게 하세요.**라고 인사를 할 때
쓸 수도 있다.

예》 Selamat belajar. 슬라맛 블라자르 공부 열심히 하세요.
Selamat berjalan-jalan. 슬라맛 버르잘란잘란 여행 즐겁게 하세요, 재밌게 노세요.

＊ jalan-jalan 잘란-잘란 (구경하며) 돌아다니다

② 명절

❋ **새 해** 복 많이 받으세요. 영어의 Happy New Year!와 같다.

Selamat tahun baru.
슬라맛　따훈　바루

❋ 더 나은 해가 되길 **바랍니다.**

Semoga Anda akan lebih sukses tahun ini.
스모가　안다　아깐　(을)르비ㅎ　숙세스　따훈　이니

● 올해도 **건강하시길.**

Semoga tahun ini juga sehat-sehat saja.
스모가　따훈　이니 주가　세핫　- 세핫　사자

● 즐거운 **크리스마스** 보내십시오. (메리 크리스마스!)

Selamat Hari Natal.
슬라맛　하리　나딸

● 새해에는 모든 일이 **더 잘 되시길** 빌어요.

Semoga semuanya berjalan dengan lebih baik (pada) tahun baru ini.
스모가　스무아냐　버르잘란　등안　(을)르비ㅎ 바익　(빠다)　따훈　바루　이니

● **명절** 잘 보내세요.

Selamat Hari Raya.
슬라맛　하리　라야

- **휴일/휴가** 잘 보내세요.

  Selamat berlibur.

  슬라맛　　　　버르(을)리부르

- **주말** 잘 보내세요.

  Selamat berakhir pekan. = **Selamat** malam mingguan.

  슬라맛　　　　버르아히르　　쁘깐　　　　슬라맛　　　말람　　　밍구안

❋ **토요일밤** (일요일로 가는 밤이므로 **토요일밤**이 된다).

malam minggu
말람　　　밍구

인도네시아에서는 토요일밤에 주로 데이트를 하거나 친구와 약속을 잡는 일이 많다. 그래서 주말이거나 주말이 다가오면

(예) **주말에 뭐해? / 토요일밤에 뭐해?**

Ngapain malam minggu? 응아빠인 말람 밍구　라고 자주 묻는다.

Tip ngapain? 응아빠인 은 **뭐해?** 와 같은 것으로 문맥에 따라 시제를 파악한다.
melakukan apa 믈라꾸깐 아빠 와 같다.
　└─ ~을 하다　　└─ 무엇

예》 Kamu ngapain kemairn? 까무 응아빠인 끄마린 어제 뭐 했어? [과거]
　　 Kamu mau ngapain besok? 까무 마우 응아빠인 베속 내일 뭐 할 거야? [미래]

비슷한 세대 사이에서 쓰이는 표현이므로, 웃어른에게는 쓰지 않도록 한다.

Budaya Indonesia 명절

다양한 종교만큼이나 명절도 다양하다. 무슬림(회교도인)은 매년 한 달 정도 금식을 하고 명절을 맞이하게 되는데, 그 명절이 흔히 **Lebaran** 르바란 이라고 말하는 **Idul Fitri** 이둘 피뜨리 이다. 이 시기에는 보름달을 볼 수 있으므로 **우리의 추석 시기와 비슷**하다고 볼 수 있다. **Idul Adha** 이둘 아드하는 4월 초순에 있는 메카 순례 최종일로서, 이 때에는 염소나 소를 잡는 풍습이 있다.

일반적인 명절로는 신정과 구정이 있는데, 신정은 **Tahun Baru** 따훈 바루 **새해**라고 한다. 구정은 **Imlek** 임렉 이라고 하여 중국계 인도네시아인들이 주로 시가지의 쇼핑몰 등지에서 문화 행사를 한다. 힌두교인들은 90%이상이 주로 발리에 거주하고 있고, 힌두력으로 신년에 **Hari Raya Nyepi** 하리 라야 녀피 라는 명절을 보낸다. 이 날에는 **하루 동안 불을 켜지 않고 조용하고 어두운 상태에서 이 기념일을 기린다.**

불교의 대표적 명절은 우리와 마찬가지로 **석가탄신일 Waisak** 와이삭이 있다

주요 공휴일

★ 신정	Tahun Baru Masehi 따훈 바루 마세히	**음력 1월 1일**
★ 구정	Imlek 임렉	
★ 모하메드 탄생일	Maulid Nabi Muhammad SAW 마울리드 나비 무하맛 사우	
★ 힌두교 신년일	Hari Raya Nyepi 하리 라야 녀삐	
★ 예수승천일	Wafat Yesus Kristus 와팟 예수스 끄리스뚜스	
★ 석가탄신일	Hari Raya Waisak 하리 라야 와이삭	
★ 예수부활절	Kenaikan Yesus Kristus 끄나익깐 예수스 끄리스뚜스	
★ 독립기념일	Hari Kemerdekaan Republik Indonesia 하리 끄머르데까안 레뿌블릭 인도네시아	**8월 17일**
★ 르바란	Lebaran : Idul Fitri (을)르바란 : 이둘 피뜨리	
★ 이둘아드하	Idul Adha 이둘 아드하 **이슬람 희생제**	
★ 성탄절	Hari Raya Natal 히리 라야 나날	

❋ 신의 **축복**이 있기를! 주로 기독교인들이 많이 쓰는 말이다

Tuhan **memberkati** Anda. = Tuhan memberkatimu.
뚜한　　　　　　음버르까띠　　안다　　　　　　　뚜한　　　　　음버르까띠무

❋ **성공**하길 빌어요!

Semoga **sukses**! = Good luck!
스모가　　　　　숙세스　　　　　　굿　　　럭

● **힘 내세요!**

Semangat!
스망앗

● **성공을 빕니다.**

Sukses ya!
숙세스　　　야

> **Tip** Semoga berhasil.스모가 버르하실 **성공하기를 바란다** 라는 의미
> 친구에게 **시험 잘 쳐.** 또는 중요한 일 전에 **잘 해.** 라고 할 때, sukses ya! 숙세스 야 라고 한다.

● 모든 일이 잘 되기를 **바랍니다.**

Saya berharap semua berjalan dengan baik.
사야　　　버르하랍　　　스무아　　　버르잘란　　　등안　　　바익

● **행복하길 빌겠습니다.**

Semoga Anda berbahagia.
스모가　　　안다　　　버르바하기아

❋ 응, 고마워.
Ya, terima kasih.
야   뜨리마   까시ㅎ

• 아니에요!

Sama-sama!
사마   사마

• 당신도요.

Anda juga.
안다   주가

               * Kamu juga 까무 주가 너도

• 감사합니다.

Terima kasih.
뜨리마   까시ㅎ

• 진심으로 감사합니다.

Terima kasih banyak.
뜨라마   까시ㅎ   바냑

               * banyak 바냑 많이, 많다

• 대단히 감사합니다.

Saya berterima kasih yang sebesar-besarnya.
사야   버르뜨리마   까시ㅎ   양   스브사르   브사르냐

• 고맙습니다. 운이 아주 좋았던 것 같습니다.

Terima kasih. Saya kira saya sangat beruntung.
뜨리마   까시ㅎ   사야   끼라   사야   상앗   버르운뚱

• 너무 기쁩니다.

Saya sangat senang. = Saya senang sekali.
사야   상앗   스낭   사야   스낭   스깔리

CHAPTER 2

본문

일상 생활에서 사용하는 회화문을 위주로 구성하였다.
또한 간단하고 쉬운 문장들로만 구성하여, 처음 배우는 왕초보들도 누구나
쉽게 따라할 수 있다.

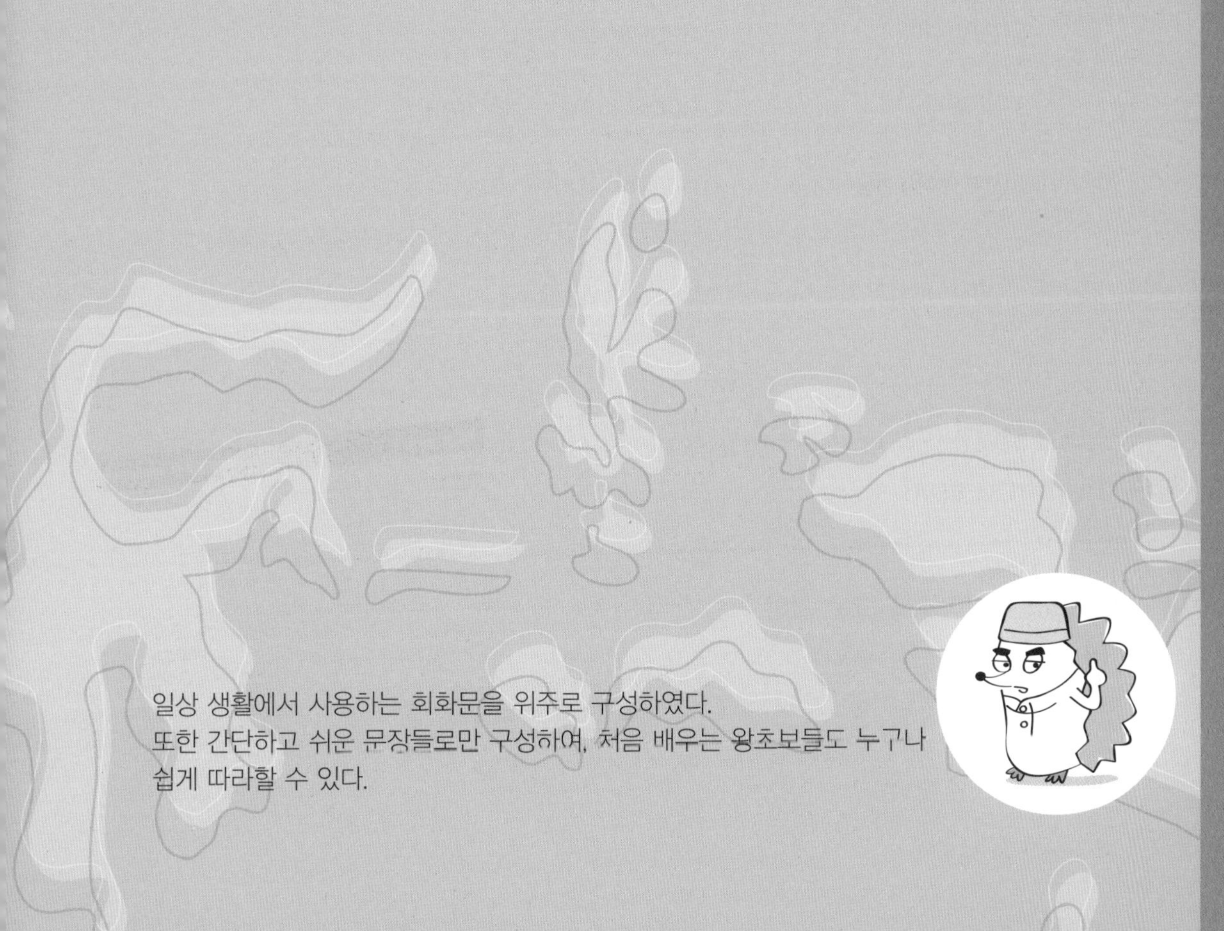

일상 생활에서 사용하는 회화문을 위주로 구성하였다.
또한 간단하고 쉬운 문장들로만 구성하여, 처음 배우는 왕초보들도 누구나
쉽게 따라할 수 있다.

취미가 무엇입니까?

A) Apa hobi Anda?
아빠　호비　안다

Hobi Anda apa?
호비　안다　아빠

* Hobi 취미
호비

제 취미는 수영하기입니다.

B) Hobi saya berenang.
호비　사야　버르낭

> **Tip**
>
> - 당신의 취미   hobi Anda
>   호비　안다
> - 너의 취미   hobi kamu = hobimu
>   호비　까무　　호비 무
>
> 어순은 두 가지가 가능하다.   Apa hobi Anda? 아빠 호비 안다
>   Hobi Anda apa? 호비 안다 아빠

취미가 뭐니?   친구나, 어린 아이에게 물어볼 때

A) Hobimu apa?
호비무　　　　아빠

내 취미는 페이스북 하는 거야

B) Hobiku facebook-an.
호비꾸　　　　페이스북깐

저의 취미는 + ~ 입니다.

Hobi saya (adalah) ~ .

adalah 아달라ㅎ ~이다,
[A는 ~이다] 형태의 구어체로 쓸 때 흔히 생략된다.

① 취미 Track 014

1 제 취미는 수영하기입니다.

Hobi saya berenang.
호비　사야　버르낭

2 저는 영화 보는 것을 좋아합니다.

Saya senang menonton film.
사야　스낭　므논똔　필름

Saya suka menonton film.
사야　수까　므논똔　필름

* senang 스낭
(기분이) 즐거운, (~를 하기를) 즐겨하는

* suka 수까　좋아하다

3 책읽기를 좋아해요.

Saya suka membaca buku.
사야　수까　믐바짜　부꾸

Saya suka baca buku.
사야　수까　바짜　부꾸

tip membaca 믐바짜 읽다 - 구어체에서는 흔히 앞의 **mem-**을 생략하고 **baca** 바짜
라고 간단히 표현한다.

4 저는 낚시를 즐겨 합니다.

Saya senang memancing.
사야　스낭　므만찡

Saya suka memancing.
사야　수까　므만찡

tip 닭튀김 먹는 것을 즐겨해요.(먹으면 기분이 좋다)
Saya senang makan ayam goreng. 사야 스낭 마깐 아얌 고렝
닭튀김 먹는 것을 좋아해요.
Saya suka makan ayam goreng. 사야 수까 마깐 아얌 고렝

취미

잠자기	tidur 띠두르
멍때리기	동 melamun / 형 bengong 믈라문 / 븡옹
인터넷쇼핑을 하다	berbelanja di internet 버르블란자 디 인떠르넷
인터넷서핑	mengenet / ngenet 믕으넷 / 응으넷
페이스북(트위터하기)	facebook-an / twitter-an 페이스 북깐 / 뜨위떠 란
운동하다	berolahraga 버르올라ㅎ라가
영화보기	menonton / nonton film 므논똔 / 논똔 필름
음악듣기	mendengar lagu 믄등아르 (올)라구
춤추기 (전통춤)	menari 므나리
TV보기	menonton / nonton tv 므논똔 / 논똔 띠비
쇼핑하다	*shopping* / berbelanja 쇼삥 / 버르블란자
채팅하기	*chatting* 째띵
스포츠관람	menonton / nonton pertandingan olahraga 므논똔 / 논똔 뻐르딴딩안 올라ㅎ라가
뮤지컬관람	menonton/nonton drama musikal 므논똔 / 논똔 드라마 무시칼
연극을 보다	menonton / nonton sandiwara 므논똔 / 논똔 산디와라
친구와 수다를 떨다	mengobrol dengan teman 믕오브롤 등안 뜨만
축구를 하다	bermain sepak bola 버르마인 세빡 볼라
골프를 하다	bermain golf 버르마인 골프
독서하다	membaca buku 믐바짜 부꾸
클래식 음악을 듣다	mendengar musik klasik 믄등아르 무식 클라식
오페라를 보다	menonton opera 므논똔 오뻬라
온라임 게임을 하다	bermain komputer game 버르마인 꼼뿌터르 게임
블로그 만들다	membuat blog 믐부앗 블록
자다	tidur 띠두르
유리하다	memasak 므마사
사진 찍다	memotret / memfoto 므모뜨렛 / 믐포또

* lagu (올)라구 노래

당신은 무슨 음식을 좋아합니까?

A) Anda suka makanan apa?
　　안다　　수까　　마깐안　　　아빠

Anda senang makan apa?
　　안다　　스낭　　마깐　　아빠

인도네시아 음식은 다 좋아합니다.

B) Saya suka semua makanan Indonesia.
　　사야　　수까　　스무아　　마깐안　　　인도네시아

당신은 무슨 음식을 좋아합니까?

A) Apa makanan favoritmu?
　　아빠　　마깐안　　　파보릿무

Apa makanan kesukaan Anda?
　　아빠　　마깐안　　　꾸수까안　　　안다

저는 모든 종류의 한국음식을 좋아합니다.

B) Saya suka semua makanan Korea.
　　사야　　수까　　스무아　　마깐안　　　꼬레아

* makanan favorit　좋아하는 음식
　　마깐안　　파보릿
makanan kesukaan
　　마깐안　　꾸수까안

각 나라 음식

- 한국음식　makanan Korea
　　　　　　마깐안　　꼬레아
- 일본음식　makanan Jepang
　　　　　　마깐안　　즈빵
- 프랑스요리　masakan Prancis
　　　　　　　마삭깐　　쁘란찌스

- 인도네시아음식　makanan Indonesia
　　　　　　　　　마깐안　　인도네시아
- 중국음식　makanan Cina/China
　　　　　　마깐안　　찌나
- 이태리음식　makanan Itali
　　　　　　　마깐안　　이딸리

인도네시아의 음식 Ⅰ

인도네시아는 88%가 무슬림이므로 발리섬을 제외한 일반적인 곳에서는 돼지고기 음식을 하는 식당이 많지 않다. 그리고 메뉴판에 돼지고기라 명시하지 않고 B2 베두아라고 표시한다.

대다수가 발리에 거주하는 힌두교도인들은 소를 신성시 하여, 소고기를 먹지 않는다. 인도네시아에서는 닭과 염소요리가 아주 흔하다. 사떼 (실생활표기 sate /표준표기 satai) 라는 꼬치구이가 있는데 닭, 염소가 가장 흔하고, 말고기나 토끼고기 꼬치구이도 있다.

② 음식 Track 018

1 무슨 음식을 제일 좋아합니까?

Makanan apa yang paling Anda sukai?
마깐안　　　아빠　양　빨링　안다　수까이

2 당신은 인도네시아 요리를 좋아합니까?

Anda suka masakan Indonesia?
안다　수까　마삭깐　　인도네시아

3 인도네시아 음식은 다 좋아 합니다.

Saya suka semua makanan Indonesia.
사야　수까　스무아　마깐안　　인도네시아

4 아무거나 다 잘 먹습니다. (먹는거라면 까다롭지 않습니다라는 의미)

Saya tidak pilih-pilih kalau soal makanan.
사야　띠닥　삘리ㅎ 삘리ㅎ　깔라우　소알　마깐안

5 튀김을 좋아합니다.

Saya suka gorengan.
사야　수까　고렝안

6 튀기지 않은 것을 좋아합니다.

Saya suka makanan yang tidak digoreng.
사야　수까　마깐안　　양　띠닥　디고렝

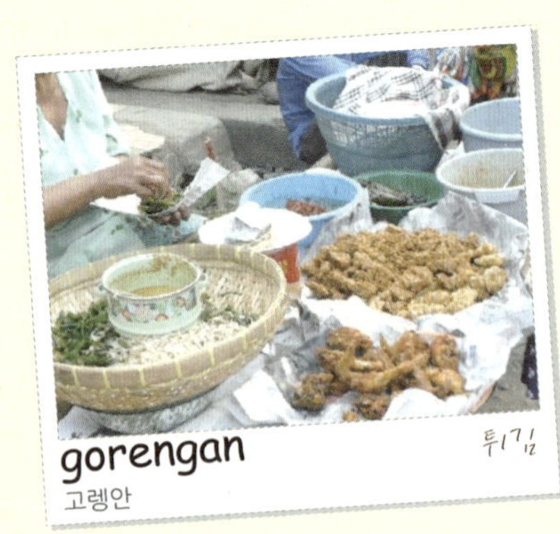
gorengan 튀김
고렝안

56

7 매운 음식을 아주 좋아합니다.

Saya suka sekali makanan yang pedas.
사야　수까　스깔리　마깐안　양　쁘다스

8 매운 음식은 잘 못 먹습니다.

Saya tidak bisa makan makanan yang pedas.
사야　띠닥　비사　마깐　마깐안　양　쁘다스

Saya tidak kuat makan makanan yang pedas.
사야　띠닥　꾸앗　마깐　마깐안　양　쁘다스

* **kuat** 꾸앗
힘이 센, 견딜 수 있는

* **tidak kuat** 띠닥 꾸앗
힘이 없는, 견딜 수 없는

9 단 음식을 좋아합니다.

Saya suka makanan yang manis.
사야　수까　마깐안　양　마니스

10 단 음식은 별로 좋아하지 않습니다.

Saya tidak begitu suka makanan yang pedas.
사야　띠닥　브기뚜　수까　마깐안　양　쁘다스

11 이탈리아 요리는 다 좋아합니다.

Saya suka semua masakan Itali.
사야　수까　스무아　마삭깐　이딸리

Saya suka semua makanan Itali.
사야　수까　스무아　마깐안　이딸리

* **masakan** 마삭깐 요리

* **makanan** 마깐안 음식
makanan Itali 마깐안 이딸리 이탈리아 음식

masakan 요리는 **masak** 마삭 요리하다와 접미사 **-an** 안 이 붙어 **masakan** 마삭깐 이 된 것이다. **마삭깐**이라고 표기되어있으나, **마사깐**으로 편히 발음해도 좋다.

'스더르하나' 식당입니다.
A) Rumah makan Sederhana.
루마ㅎ   마깐   스더르하나

두 사람 자리를 예약하고 싶습니다.
B) Mau pesan meja untuk 2 orang.
마우   쁘산   메자   운뚝   두아 오랑

저녁 6시로 예약을 하고 싶습니다.
Saya ingin pesan untuk jam 6.
사야   잉인   쁘산   운뚝   잠   으남

> **Tip** sederhana 스더르하나 는 **검소한, 간편한**이라는 뜻을 갖고 있다.

몇 분이십니까?
A) (Untuk) Berapa orang?
(운뚝)   브라빠   오랑

두 사람입니다.
B) Dua orang.
두아   오랑

CHAPTER 3 》 p160 숫자 참고

사 람			
• 한 사람	satu orang 사뚜 오랑	• 세 사람	tiga orang 띠가 오랑
• 두 사람	dua orang 두아 오랑	• 네 사람	empat orang 음빳 오랑

인도네시아의 음식 Ⅱ

인도네시아에서는 숯불구이 요리법을 많이 사용하는데, 생선이나 닭을 숯불구이로 먹으면 맛이 좋다.
간장양념을 쓰므로 한국인의 입맛에 잘 맞는다. 특히 민물생선 숯불구이를 쉽게 맛볼 수 있고, 간장 양념 이외에도 다양한 현지 향신료를 사용한 맛있는 요리가 많다.

① 예약 Track 021

1 배가 **고파요**.

Saya **lapar**.
사야　(을)라빠르

2 배가 **아주** 고파요.

Saya lapar **sekali**.
사야　(을)라빠르 스깔리

Saya lapar **banget**. 좀 더 캐쥬얼하고 더 흔히 사용하는 표현이다.
사야　(을)라빠르 방읏

tip　banget 방읏은 sekali 스깔리 보다 다소 **비격식투**로 더 흔히 사용된다.

3 배가 **불러요**.

Saya **kenyang**.
사야　꼬냥

4 배가 아주 **불러요**.

Saya **kenyang** sekali.
사야　꼬냥　　스깔리

Saya **kenyang** banget.
사야　꼬냥　　방읏

5 **괜찮은 식당**이 있습니까?

Ada **restoran yang bagus**?
아다　레스또란　양　바구스

* restoran/rumah makan 레스또란/루마ㅎ 마깐
식당

* bagus 바구스
좋은

6 배고파 죽겠어요.

Saya kelaparan.
사야　　끌라빠란

Saya lapar setengah mati.
사야　　(을)라빠르 스뚱아 ㅎ　　　마띠

tip

setengah mati 스뚱아 ㅎ 마띠 는 **반쯤 죽겠다**라는 뜻으로 한국어 표현에서 흔히
볼 수 있는 **~해서 죽겠다**와 같은 뜻으로 보면 된다.

7 배불러 죽겠어요.

Saya kekenyangan.
사야　　끄끄냥안

8 인도네시아 빵은 **참 맛있는** 것 같습니다.

Menurut saya, roti Indonesia enak sekali.
므누룻　　　사야　　로띠 인도네시아　　에낙　스깔리

* menurut saya ~ 므누룻 사야
제 생각에는 ~

9 이 음식은 한국음식하고 비슷하네요.

Makanan ini mirip dengan makanan Korea.
마깐안　　　이니 미립　등안　　　마깐안　　　꼬레아

roti bakar
로띠　　바까르　　(잼이 들어있는) 빵

Track 022

무엇을 드시겠습니까? 직역 : 무엇을 주문하시겠습니까?

A) Mau pesan apa?
마우　쁘산　아빠

* pesan 주문하다
쁘산

이 식당의 인기있는 요리는 뭔가요?

B) Masakan apa yang terkenal di rumah makan ini?
마삭깐　아빠　양　떠르끄날　디　루마ㅎ　마깐　이니

메 뉴

- 메뉴판　　　　daftar menu 다프따르 므누
- 영어메뉴　　　menu dalam bahasa Inggris 므누 달람 바하사 잉그리스
- 한국어메뉴　　menu dalam bahasa Korea 므누 달람 바하사 꼬레아

~을 주십시오. (부탁하다의 뜻)

Minta ~

민따 ~

* minta 부탁하다
민따

가정식 식사

주식으로 밥과 야채볶음, 닭 튀김, 생선등을 먹는다. 가장 흔히 먹을 수 있고 잘 알려진 나시고렝 nasi goreng 볶음밥을 현지에서 꼭 먹어 보자. 한국에서 접할 수 없는 맛을 느낄 수 있다.

② 주문 Track 024

1 오늘의 특별요리는 무엇입니까?

Apa menu spesial hari ini?
아빠 므누 스뻬시알 하리 이니

2 메뉴판을 좀 가져다 주세요.

Minta daftar menunya.
민따 다프따르 므누냐

3 사진이 있는 메뉴판이 있습니까?

Ada daftar menu dengan foto masakannya?
아다 다프따르 므누 등안 포토 마삭깐냐

4 영어로 된 메뉴판이 있나요?

Ada daftar menu dalam bahasa Inggris?
아다 다프따르 므누 달람 바하사 잉그리스

5 어떤 것이 맛 있나요?

Yang mana enak?
양 마나 에낙

6 술 리스트를 보여 주십시오.

Tolong perlihatkan daftar minuman keras.
똘롱 뻐르(을)리핫깐 다프따르 미눔안 끄라스

* minuman keras 술
미눔안 끄라스
minuman beralkohol
미눔안 버르알꼬홀

7 지금 주문해도 되나요?

Boleh pesan sekarang?
볼레ㅎ 쁘산 스까랑

8 좀 이따 주문할게요.

Kami akan pesan sebentar lagi.
까미　아깐　쁘산　스븐따르　(을)라기

9 저도 옆 테이블과 같은 걸로 주세요. 직역 : (가리키며) 저 쪽 테이블에 있는 사람이 주문한 요리와 같은 요리주세요.

Saya mau masakan yang sama dengan masakan yang dipesan orang
사야　마우　마삭깐　양　사마　등안　마삭깐　양　디쁘산　오랑

di meja sebelah itu.
디 메자　스블라ㅎ　이뚜

10 샐러드는 어떤 종류가 있습니까?

Ada salad apa saja?
아다　살랏　아빠　사자

11 이 지역의 유명한 술이 있습니까?

Ada minuman beralkohol lokal yang terkenal di sini?
아다　미눔안　버르알코홀　(을)로깔　양　떠르끄날　디 시니

12 마실만한 맥주 좀 추천해 주세요.

Tolong rekomendasikan bir yang bagus.
똘롱　레꼬멘다시깐　비르 양　바구스

* bir 비르 맥주

맥주병에 별이 그려진 **bir Bintang** 이 있다.

인도네시아(발리) 전통주 arak 아락은 막걸리와 비슷한 것으로, 〈하멜표류기〉에서 하멜이 인도네시아에서 아락을 맛 보고 조선에 표류되었을 때 우리의 막걸리를 인도네시아의 아락과 같은 술이라고 빗대어 표현하기도 하였다.

13 이것을 주십시오. 이것을 주문하겠습니다 라는 의미

Saya mau pesan ini.
사야　마우　쁘산　이니

14 양파는 **빼고** 주세요. 직역 : 양파는 넣지 말아 주세요.

Tanpa bawang ya. **Jangan pakai** bawang ya.
딴빠　　바왕　　야　　장안　　빠깨　　바왕　　야

문장 끝에 **-ya** 야를 붙이면 좀 더 친근하고 부드러운 느낌을 준다. 아무렇게나 모든 문장에 붙이는 습관이 들지 않도록 주의한다.

양파 안 넣어주셔도 돼요.

Tidak usah pakai bawang ya.
띠닥　　우사ㅎ　　빠깨　　바왕　　야

* pakai (memakai) 빠깨(므마깨)
이용하다, 사용하다

✳ **～ 하지 마세요**

Jangan
장안

예) 양파 넣지 마세요.
Jangan pakai bawang ya. 장안 빠깨 바왕 야

15 **후추** 알레르기가 있습니다.

Saya alergi (terhadap) merica.
사야　　알레르기　　(떠르하답)　　므리짜

* merica 므리짜
(한국의) 후추와 비슷한 가루 형태의 후추

 **cf** lada hitam (을)라다 히땀 통후추

16 이 지역의 **향토음식**은 무엇입니까?

Apa makanan tradisional di sini?
아빠　마깐안　　뜨라디쇼날　　디 시니

* makanan tradisional 마깐안 뜨라디쇼날
전통음식, 향토음식

17 초코우유 하나 **주세요**.

Saya mau susu coklat, satu.
사야　　마우　　수수　　쪼끌랏　　사뚜

* Saya mau 사야 마우
(주문할 때) ～로 할게요

* mau 마우 원하다

18 햄버거와 콜라 주세요.

Saya mau *burger* dan *coca cola*.
사야　　마우　　버르거르　　단　　꼬까꼴라

19 여기서 드실 거예요, **가져 가실** 거예요?

Mau makan di sini atau dibungkus?
마우　마깐　디 시니　아따우 디붕꾸스

20 **여기서 먹을** 거예요.

Saya mau makan di sini.
사야　마우　마깐　디 시니

* kami 까미 청자를 제외한 '우리'

Kami mau makan di sini.
까미　마우　마깐　디 시니

21 테이크아웃 할 겁니다.

Mau dibungkus.
마우　디붕꾸스

tip 인도네시아어에서는 대상이 주제가 될 때 수동태형으로 쓴다.
di + bungkus = dibungkus (= membungkus) 싸다, 포장하다 의 수동태형
디　　　붕꾸스　　　　디붕꾸스　　　　　　믐붕꾸스

22 토마토와 치즈를 **넣어주세요**.

Tolong pakai tomat dan keju.
똘롱　　빠까이　또맛　단　께주

Tolong masukkan tomat dan keju.
똘롱　　마숙깐　　또맛　단　께주

MacD
맥디

23 맛있게 드세요.

Selamat makan.
슬라맛　　마깐

Selamat menikmati.
슬라맛　　므닉마띠

* MacD 맥디 인도네시아에서의 맥도날드

24 맛있게 먹었습니다. 직역 : (밖에서 식사대접을 받았을 때) 잘 먹었습니다.

Terima kasih sudah ditraktir.
뜨리마　　까시ㅎ　수다ㅎ　　디뜨락띠르

25 잘 먹었습니다. 직역 : (집에 초대되어 먹었을 때) 대접을 잘 해 준 것에 대해 고맙다.

Terima kasih sudah dijamu dengan baik.
뜨리마　　까시ㅎ　수다ㅎ　　디자무　　등안　　　바익

26 각자 지불합시다.

Mari kita bayar sendiri-sendiri.
마리　　끼따　바야르　슨디리　-슨디리

* bayar 바야르
돈을 내다, 지불하다

27 이번엔 제가 낼게요.

Kali ini, saya yang traktir.
깔리　이니　사야　　양　　　뜨락띠르

28 이것은 팁입니다.

Ini uang tip.
이니 우앙　　띱

Ini tip dari saya.
이니 띱　다리　사야

- 고기   daging 다깅
- 닭   ayam 아얌
- 닭고기   daging ayam 다깅 아얌
- 돼지   babi 바비
- 염소   kambing 깜빙
- 염소고기   daging kambing 다깅 깜빙
- 소   sapi 사삐
- 소고기   daging sapi 다깅 사삐
- 말   kuda 꾸다
- 말고기   daging kuda 다깅 꾸다
- 토끼   kelinci 꼴린찌
- 계란   telur 뚤루르
- 메추리알   telur puyuh 뚤루르 뿌유ㅎ
- 두부   tahu 따후
- 과일   buah-buahan 부아ㅎ 부아ㅎ안
- 야채   sayur-sayuran 사유르 사유란
- 해산물   *seafood* / makanan laut 씨풋/ 마깐안 (을)라웃
- 생선   ikan 이깐
  인도네시아에서는 민물고기를 흔히 접할 수 있다.

  *ikan tawar 이깐 따와르 민물고기

- 꼬치구이   sate 사떼

sate 꼬치구이
사떼

인도네시아에는 전철·지하철이 없다.

택시를 어디서 타나요?

A) Di mana saya bisa naik taksi?
디　　마나　　사야　　비사　　나익　　딱시

길 건너에서 타세요. 직역 : (택시를) 타려면 길을 먼저 건너세요.

B) Menyeberang dulu untuk naik.
므느브랑　　　　　둘루　　운뚝　　나익

어디로 가시나요?

A) Mau ke mana?
마우　　꼬　　마나

(주소를 보여주며) 이 곳으로 가주세요.

B) Tolong antarkan saya ke tempat ini.
똘롱　　안따르깐　　사야　　꼬　　뜸빳　　　이니

여기에 세워주세요.

Tolong berhenti di sini.
똘롱　　버르흔띠　　디　시니

위치와 방향

• 인도네시아 대사관	KBRI 까베에르이 /Kedutaan Besar Republik Indonesia 　　　　　　　　꼬두따안　　　브사르　레뿌블릭　　인도네시아		
• 그 빌딩 앞	depan gedung itu 드빤 그둥 이뚜		
• 이 앞 신호등	lalu lintas depan (올)랄루 (올)린따스 드빤	• 이 앞 골목길	gang depan 강 드빤
• 왼쪽으로	ke kiri 꼬 끼리	• 오른쪽으로	ke kanan 꼬 까난
• 왼쪽에	di kiri 디 끼리	• 오른쪽에	di kanan 디 까난
• 왼편에	di sebelah kiri 디 스블라ㅎ 끼리	• 오른편에	di sebelah kanan 디 스블라ㅎ 까난

~로 가 주세요.

Tolong antarkan saya ke + 장소
똘롱   안따르깐   사야   끄

택시를 타고 간단하게 장소를 말하기만 해도 된다.

1 여기에 세워주세요.

Tolong berhenti di sini.
똘롱　　　버르흔띠　　디 시니

> ✳ 여기요.
>
> Sini ＋ 호칭　　예) 여기요, 아저씨.
> 시니　　　　　　　 Sini. Park.　시니 빡

2 택시를 좀 불러주세요.

Tolong panggilkan taksi.
똘롱　　　빵길깐　　　　딱시

3 요금이 얼마인가요?

Berapa ongkosnya?
브라빠　　 옹꼬스냐

4 수까르노 하따 공항까지 얼마정도 나오나요?

Berapa ongkosnya sampai ke bandara Soekarno-Hatta?　　＊ bandara 반다라
브라빠　　 옹꼬스냐　　 삼빠이　 끄 반다라　　 수까르노-하따　　　　　　　　　　　공항

tip　oe표기는 자와(Jawa)식 으로 [u] 발음과 같다.

5 역까지 얼마나 나오나요? 요금을 여기에 (숫자로) 적어 주세요.

Berapa ongkosnya sampai ke stasiun?
브라빠　　 옹꼬스냐　　 삼빠이　 끄 스따시운
Tolong tuliskan ongkosnya di sini.
똘롱　　　똘리스깐　　 옹꼬스냐　　 디 시니

6 공항까지 시간이 얼마나 걸릴까요?

Berapa lama sampai ke bandara?
브라빠 (을)라마 삼빠이 끄 반다라

교통체증

7 조금만 서둘러 주세요.

Tolong jalan lebih cepat.
똘롱 잘란 (을)르비 쩨빳

택시
taksi
딱시

8 여기서 기다려 주세요.

Tolong tunggu di sini.
똘롱 뚱구 디 시니

9 (요금이) 미터기와 다르네요.

Kok, ongkosnya beda dengan yang ada di argo?
꼭 옹꼬스냐 베다 등안 양 아다 디 아르고

* argo 아르고 미터기

10 잔돈은 괜찮습니다. 직역 : 잔돈은 아저씨를 위한거예요.

Kembaliannya untuk Bapak saja.
끔발리안냐 운뚝 바빡 사자

* Bapak 바빡 남자에게 쓰는 호칭
* kembalian 끔발리안 잔돈

기차표는 어디서 구입하나요?

A) Di mana bisa **membeli** tiket kereta?
디 마나 비사 믐블리 띠껫 끄레따

* tiket kereta 기차표
띠껫 끄레따

여기서 사면 됩니다.

B) Beli **di sini**.
블리 디 시니

예약없이 기차를 탈 수 있습니까?

A) Bisa naik kereta **tanpa pesan dulu**?
비사 나익 끄레따 딴빠 쁘산 둘루

* dulu 먼저
둘루

바로 구입 가능합니다.

B) Bisa **beli sekarang**.
비사 블리 스까랑

* sekarang 지금
스까랑

Bisa **beli langsung**.
비사 블리 (을)랑숭

* langsung 직접. (곧)바로
(을)랑숭

좌석 · 표

• 표	tiket 띠껫	
• 좌석	tempat duduk 뜸빳 두둑	
• 비즈니스석	kelas eksklusif / kelas bisnis	클라스 엑스클루시프 / 클라스 비즈니스
• 이코노미석	kelas ekonomi 클라스 에코노미	

① **tempat tidur** 뜸빳 띠두르
침대

② **kasur** 까수르
매트리스

③ **kasur empuk** 까수르 음뿍
푹신한 매트리스

④ **kasur keras** 까수르 끄라스
딱딱한 매트리스

⑤ **tiket** 띠껫
표

⑥ 표 파는 곳
loket 로껫

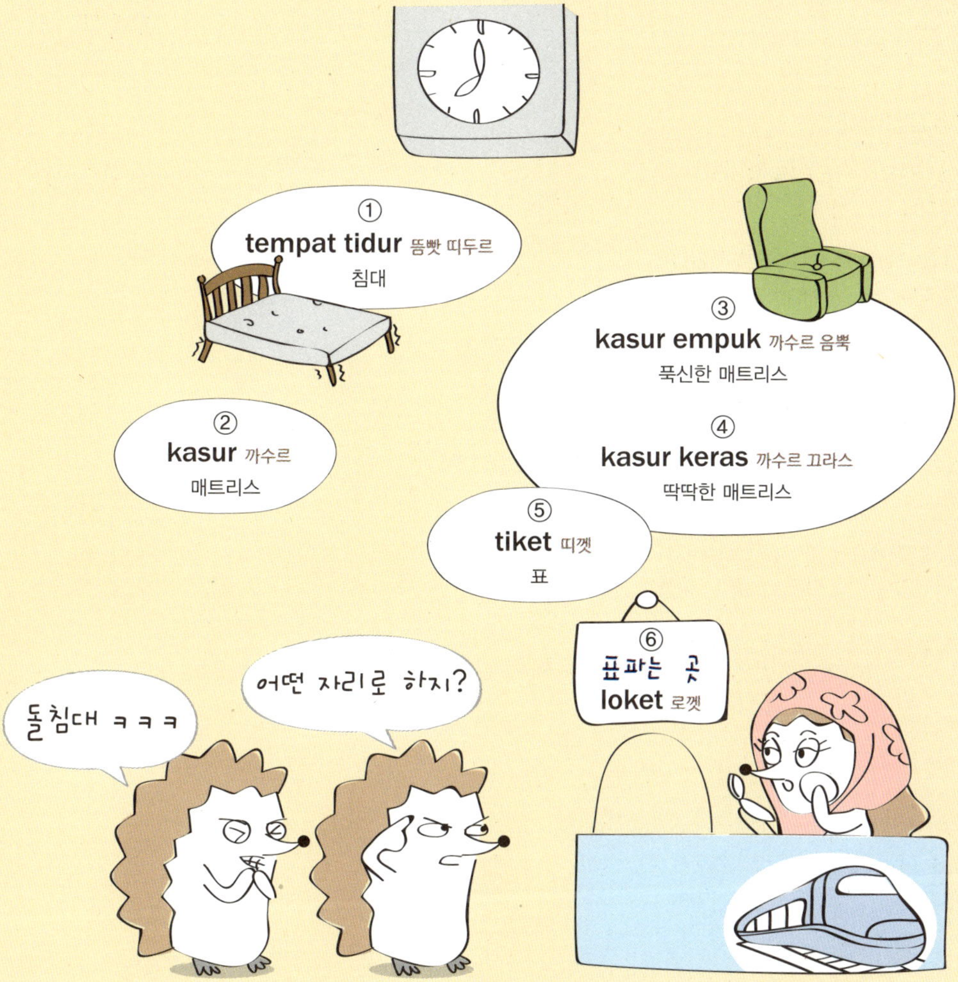

기차 안 풍경...

인도네시아도 우리나라처럼 기차를 타면 간식을 파는 상인들을
만날 수 있다.
다른 점은 우리나라는 코레일 직원들이지만 인도네시아는 일반
상인들이라는 것이다. 이들은 늦은밤 또는 새벽시간에도 승객
들에게 판매할 간식을 가지고 역들을 오가며 간식을 판매한다.

② 기차 Track 031

1 매진입니다.

Sudah habis tiketnya.
수다ㅎ 하비스 띠껫냐

Tiketnya sudah habis.
띠껫냐 수다ㅎ 하비스

2 기차표는 어디서 사나요?

Di mana bisa membeli tiket kereta?
디 마나 비사 음블리 띠껫 끄레따

Di mana bisa beli tiket kereta?
디 마나 비사 블리 띠껫 끄레따

> **tip** membeli 음블리 사다 ⇨ 구어체에서 흔히 mem- 을 제외한 beli 블리 를 쓴다

3 표 파는 곳이 어디입니까?

Di mana loketnya?   * loket 로껫 표 파는 곳
디 마나 로껫냐

> **tip** 인도네시아어에서는 nya 냐가 많이 나오는데 보통 **단어**+ nya 냐가 되면 nya 냐가
> 앞의 단어를 한정지어 준다. 앞서나온 3인칭 Dia를 가르키기도 한다.
> loketnya 로껫냐 는 특정 loket 로켓을 말함.
>
> (기차역에서 하는 대화이므로, 그 기차역에 있는 표 파는 곳을 말함)

4 기차 노선표를 얻을 수 있나요?

Bisa saya mendapat jadwal keberangkatan kereta?
비사 사야 믄다빳 자드왈 끄버르앙깟딴 끄레따

5 반둥행 첫 차는 몇 시에 출발하나요?

Kereta pertama yang ke Bandung itu berangkat pagi jam berapa?
끄레따　　뻐르따마　양　끄　반둥　　　이뚜　버르앙깟　　빠기　잠　브라빠

6 성인표 1장 주세요.

Minta 1 tiket untuk dewasa.
민따　　사뚜 띠껫　운뚝　　데와사

* dewasa 데와사 성인
* tiket untuk anak 띠껫 운뚝 아낙 아동표

7 비즈니스석을 타고 싶은데요.

Saya ingin tiket kelas eksklusif.
사야　잉인　띠껫　끌라스　엑스클루시프

kereta
끄레따
기차

(브로슈어/지도를 가르키며) 이 버스가 이곳을 (지나)가나요?

A) Bus ini lewat tempat ini?

부스　이니　(을)레왓　뜸빳　이니

맞습니다.

B) Benar.

브나르

아닙니다.

Tidak.

띠닥

> **Tip** 동사, 형용사를 부정한다　예》Saya tidak pergi ke sana. 저는 거기에 가지 않습니다.
> 　　　　　　　　　　　　　　사야　띠닥　뻐르기　끄　사나
> 　　　　　　　　　　　　　　Barang ini tidak mahal.　이 물건은 비싸지 않습니다.
> 　　　　　　　　　　　　　　바랑　이니 띠닥　마할

아닙니다.

Bukan.

부깐

> **Tip** 명사(구)를 부정한다　예》Saya bukan orang China/Cina. Saya orang Korea.
> 　　　　　　　　　　　　사야　부깐　오랑　찌나　　　사야　오랑　꼬레아
> 　　　　　　　　저는 중국 사람이 아닙니다. 저는 한국 사람입니다.

이동수단

• 기차	kereta 끄레따		• 택시	taksi 딱시
• 비행기	pesawat 쁘사왓		• 오젝	ojek 오젝 교통비를 흥정해서 탈 수 있는 오토바이
• 베짝	becak 베짝 2륜 대중교통수단, 인력거와 비슷		• 마차	andong 안동 /delman 델만
			• 자전거	sepeda 스뻬다

이 버스는 ~에 갑니까?

Bus ini ke ~

부스　이니 끄

버스

족자카르타의 에어컨 버스 등 일부 버스에는 안내양 또는 안내아 저씨가 있다. 이들은 승객들이 타고 내릴 때 안전을 봐주고 "다음에 내리실 곳은 ~, 잃어 버리는 물건 없는지 챙기세요." 라는 멘트와 요금징수를 한다.

③ 버스　Track 034

1 303번 버스를 타세요.

Naik bus nomor 303.

나익　부스　노모르　띠가 라뚜스 띠가

2 다시 호텔로 가려면 어디서 (버스를) 타야 하나요?

Kalau mau kembali ke hotel itu, saya harus naik bus di mana?

깔라우　마우　끔발리　끄 호뗄　이뚜 사야　하루스　나익　부스　디 마나

3 여기서 타세요.

Naik di sini.

나익　디 시니

4 저기서 타세요

Naik di sana.

나익　디 사나

5 자카르타 버스 노선도를 구할 수 있나요?

Bisa saya mendapat jadwal keberangkatan Busway?

비사　사야　믄다빳　자드왈　끄버랑깟딴　버스웨이

정류장마다 표를 파는 사람이 있으니, 버스 노선도를 구할 수 있는지 물어보면 된다.

* brosur wisata 브로수르 위사따 관광 안내 책자

6 이 버스는 감비르 기차역으로 가나요?　　직역 : 이 버스 감비르 기차역을 지나가나요?

Bus ini lewat stasiun Gambir?

부스　이니 (을)레왓 스따시운　감비르

7 스나얀(Senayan)에 가려면 **몇 번을 타야하나요?**

Kalau mau ke Senayan, saya harus naik bus nomor berapa?
깔라우   마우   끄   스나얀   사야   하루스   나익   부스   노모르   브라빠

8 ~까지 가려면 몇 번 버스를 **타야하나요?**

Bus nomor berapa ke~ ?
부스   노모르   브라빠   끄

9 **버스 정류장**이 어디 있나요?

Halte busnya **di mana?**
할뜨   부스냐   디 마나

10 가까운 버스정류장이 어디입니까?

Halte bus yang dekat **itu di mana?**
할뜨   부스   양   드깟   이뚜 디 마나

11 어디서 **내려야** 합니까?

Harus turun **di mana?**
하루스   뚜룬   디 마나

12 버스 요금은 얼마인가요?

Berapa ongkos **bus**nya?
브라빠   옹꼬스   부스냐

버스를 이용할 때는 버스 정류장 부스에서 1회용 버스카드를 구매해서 카드를
넣고 입구를 통과해 들어간다.

13 버스는 언제 오나요?

Busnya kapan datang?
부스냐　　까빤　　다땅

14 막차가 몇 시 인가요?

Bus terakhirnya jam berapa?
부스　떠르아히르냐　잠　브라빠

15 그 곳에 도착하면 알려 주세요.

Kalau sudah sampai di tempat itu, tolong kasih tahu saya.
깔라우　수다ㅎ　삼빠이　디 뜸빳　이뚜 똘롱　까시ㅎ　따우　사야

장 소		
• 공항	bandara 반다라	• 박물관　museum 무세움
• 백화점 · 쇼핑몰	mal 몰 (영어의 *mall* 에서 온 것)	

Mall Pondok Indah
몰　뽄독　인다

Budaya Indonesia 교통

버스

Busway 부스웨이/ Bus Trans Jakarta 부스 뜨란스 자까르따
버스정류장이 정해져 있고, 에어컨이 있다.
버스비 : Rp 3,500 〈2011년 기준〉
Bus Kopaja 부스 꼬빠자, Bus Mikrolet 부스 미끄로(을)렛
아무데서나 타고 내릴 수 있으나, 에어컨이 없다.

bus
부스　　　　버스

택시

우리나라처럼 콜택시 시스템도 있고 좋다. 자카르타에서는
블루 버드*(blue bird)*라는 회사 택시를 한국사람들이 안전하고
믿을 수 있다고 선호하지만 다른 회사 택시라고 해서 꼭 나쁜
것 만은 아니다. 대신 자카르타는 넓고 외국인이 지리를 모르
고 타면 언제든지 돌아가서 요금이 높게 나올 수 있다는 것을
명심하자.

택시나 버스 말고 전통적인 교통수단이 현재도 존재한다.

ojek
오젝　　　　오토바이

오젝 (교통비를 흥정해서 탈 수 있는 오토바이)

오젝의 장점은 길이 막혀도 요리조리 빠져나갈 수 있다는 것
이다. 그래서 택시보다 더 싸고 빠르니 좋다. 대신 흥정을 아
주 잘해야 한다. 외국인에게 더 비싸게 부르므로 아저씨가 부
르는 값에 일단 반을 불러보고, 나중에 양보하는 척 하면서
조금 더 붙여서 흥정한다.

becak
베짝　　　　2륜 대중교통수단

베짝 (2륜 대중교통수단, 자전거로 끄는 2인승 인력거) · 안동(마차)

베짝(becak)이나 안동(andong)을 흔히 이용할 수가 있다.
돈은 보통 거리에 따라 정해져있어 그 지역
사람이라면 요금 흥정을 하지 않아도
거의 암묵적으로 정해진 돈을 낸다.

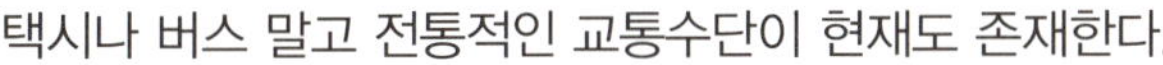

andong/delman
안동　　　　델만　　　　마차

Pelajaran ④ 교통  렌트카
뽈라자란

렌트 시, 신용카드 지불이 힘들 때가 많으니 현금으로 지불해야 한다.

차를 렌트할 때는 렌트카 회사에서 추천해 주는 것 중에서 골라도 무난하지만, 차를 먼저 알아본 후 중형차, 대형차, 라고 말을 한 후, 차 유형을 정확히 대는 것이 좋다.

차를 빌리고 싶습니다.
A) Saya ingin **sewa mobil**.
　　 사야　　잉인　　세와　　모빌

얼마 동안 빌리고 싶습니까?
B) Mau sewa mobil untuk **berapa lama?**
　　 마우　　세와　　모빌　　운뚝　　브라빠　　(을)라마

하루 동안 빌리고 싶습니다.
A) (Untuk) Satu hari.
　 (운뚝)　　사뚜　　하리

시 간

• 반나절	setengah hari 스뜽아 하리		• 하루	satu hari/sehari 사뚜하리/스하리
• 2일간	dua hari 두아 하리		• 일주일	satu minggu/seminggu 사뚜 밍구/스밍구
• 한달	satu bulan/sebulan 사뚜 불란/스불란			

어떤 차를 원하십니까?

Anda(*Mr.*) mau mobil seperti apa?
안다　(미스떠르) 마우　모빌　스뻐르띠　아빠

렌트시

인도네시아 사람들은 외국인을 부를 때 *Sir, Ma'am*이라고 하지
않고 *Mr., Ms., Miss*라고 잘못 사용하고 있다.

인도네시아는 인긴비기 씨고, 차도가 우리와 반대이므로 외국인이
직접 운전할 일이 거의 없다. 그래서 운전사를 포함하여 렌트를 하
는 경우가 많다.

1 어디에서 **차를 빌리나요?**

Di mana saya bisa menyewa mobil?
디 마나 사야 비사 므녜와 모빌

2 소형 **오토차를 원합니다.**

Saya mau sewa mobil metik yang kecil.
사야 마우 세와 모빌 메띡 양 끄찔

3 몇 인용 **차를 원하세요?**

Mau berapa tempat duduk?　　　　　　　* untuk berapa orang 운뚝 브라빠 오랑
마우 브라빠 뜸빳 두둑　　　　　　　　　　몇 분이(타실 건가요?)

Mau mobil dengan kapasitas berapa orang?
마우 모빌 등안 까빠시따스 브라빠 오랑

> **tip**
> * kapasitas 까빠시따스 : 영어의 *capacity* (탑승인원)
> * Jaguar 자구아르 2인용 승용차　　　　* Kijang 키장 운전사포함 7~8명 탑승

4 (기름값 등) **모두 포함하는 걸로 하시겠습니까?**

Harganya mau *all-in* atau tidak?　　　　　　* bensin 벤신 기름(가솔린)
하르그냐 아무 올인 아따우 띠닥

전부 다 포함하는 것 말고요.

Tidak *all-in*.
띠닥 올인

5 기름값 **빼고 해 주세요.**

Tanpa BBM.　　　　　　* BBM (Bahan Bakar Minyak) 베베엠(바한 바까르 미냑) 연료
딴빠 베베엠

6 운전사도 쓰실건가요?

Mau dengan supir, tidak?
마우　등안　　수삐르　띠닥

실제로 **sopir** 소삐르 라는 것을 더 일반적으로 쓴다. (표준어는 아님)

7 렌트비는 하루에 얼마입니까? 여기에 (숫자로) 써 주세요.

Biaya sewa per harinya berapa? Tolong tuliskan di sini.
비아야　세와　　뻐르　하리냐　　브라빠　　　똘롱　　　뚤리스깐　　디 시니

8 신용카드로 계산하셔야 합니다.

Anda harus bayar pakai kartu kredit.
안다　　하루스　　바야르　　빠까이　　까르뚜　　끄레딧

9 현금으로 계산하셔야 합니다.

Anda harus bayar dengan *cash* / tunai.
안다　　하루스　　바야르　　등안　　　캐쉬　 /　뚜나이

* tunai 뚜나이 현금
(*cash*라고 영어를 그대로 쓰는 일이 더 많음)

10 상해보험에 들고 싶습니다.

Saya mau mendaftar asuransi kecelakaan.
사야　　마우　　믄다프따르　　아수란시　　끄쫄락까안

* kecelakaan 끄쫄락까안 사고

11 도로 지도를 주세요.

Tolong kasih peta jalan.
똘롱　　　까시ㅎ　　삐따　　잘란

족자행 **편도로** 해 주세요.
A) Minta tiket ke Jogja. Untuk berangkat saja.
　민따　　띠껫　 꼬　족자　　운뚝　　　버르앙깟　　　사자

* minta 민따 부탁하다

족자행 편도로 해 주세요. (자카르타에서 사는경우)
Saya mau tiket ke Jogja.
　사야　마우　　띠껫　 꼬　 족자

* tiket ke Jogja 뻬뻬 족자로 가는 티켓

왕복으로요.
A) Untuk PP.
　운뚝　　뻬뻬

* PP 뻬뻬 : pulang pergi 뽈랑 뻐르기 왕복

pulang 뽈랑 돌아가다/돌아오다

pergi 뻐르기 가다

수라바야까지 가는 비행기가 **몇 시까지** 있나요?
A) Pesawat ke Surabaya ada sampai jam berapa?
　쁘사왓　　　꼬　수라바야　　아다　삼빠이　잠　브라빠

매일 운항하나요?
Apakah ada pesawat setiap hari?
아빠까ㅎ　 아다　쁘사왓　　스띠압　하리

* tiket pesawat 띠껫 쁘사왓 비행기표

⑤ 비행기 Track 039

1 일주일에 (하루에) 몇 번 운항하나요?

Penerbangannya ada berapa kali seminggu / per hari?
쁘너르방안냐　　　　아다　브라빠　깔리　스밍구　　　뻐르　하리

2 비행기 스케줄표를 팩스/이메일로 보내주세요.

Tolong kirimkan jadwal penerbangannya lewat *fax/email*.
똘롱　　끼림깐　　자드왈　쁘너르방안냐　　　(을)레왓　팩 / 이메일

> **tip** 인도네시아 사람들은 *fax*를 **팩스** 라 발음하지 않고 **팩** 이라 발음한다.
> *box* 를 박스라 하지 않고 **복**이라 하는 것도 같은 경우이다.

3 돌아오는 비행기 표는 예약해야 하나요?

Apakah saya harus pesan tiket untuk kembali?
아빠까ㅎ　사야　하루스　쁘산　띠껫　운뚝　곰발리

4 운임이 얼마인가요?

Berapa harga tiketnya?
브라빠　하르가　띠껫냐

5 세금 등을 모두 포함한 가격으로 알려 주세요.

Berapa harga tiket termasuk pajak dan semuanya?　　* pajak 빠작 세금
브라빠　하르가　띠껫　떠르마숙　빠작　단　스무아냐

> **tip** 인도네시아도 유류할증료와 공항세가 별도로 있나요?
> *fiskal* 피스깔이라는 **출국세**가 있었는데 2011.1.1 부터 폐지되었어요.

6 수라바야까지 가려는데 비행기 노선이 어떻게 되나요?

Saya mau ke Surabaya. Bagaimana jadwal penerbangannya?
사야　마우　끄　수라바야　　바가이마나　　자드왈　쁘너르방안냐

실례합니다. 물리아 호텔을 **찾고 있는**데요.

A) Permisi. Saya sedang mencari Hotel Mulia.

뻐르미시　　　사야　　스당　　므짜리　　호뗄　　물리아

거기에 **어떻게 갈** 수 있나요?

Bagaimana caranya untuk ke sana?

바가이마나　　　짜라냐　　　운뚝　　끄　사나

거기는 **걸어서 갈 수 있습니다.**

B) Anda bisa jalan ke sana.

안다　비사　잘란　끄　사나

교 통

- 버스로　　dengan (naik) bus　등안 (나익) 부스

  1. dengan naik 등안 나익 **~을 타고**라는 뜻으로, naik **타다**는 맥락으로 알 수 있으므로 생략해도 된다.
  ⇒ dengan bus 등안 부스 **버스로**
  2. dengan memakai bus 등안 므마까이 부스 **버스를 이용하여** : 실제 일상적인 구어체에서는 pakai bus [빠까이/빠깨 부스]라고 한다.

- 택시로　　dengan taksi 등안 딱시

- 기차로　　dengan kereta api 등안 끄레따 아삐

- 비행기로　　dengan pesawat 등안 쁘사왓

- [베짝]으로　dengan becak 등안 베짝

- [안동]으로　dengan andong 등안 안동

와~ 정말 좋네요!

Wah~ bagus sekali!

와~ 비구스 스깔리

⑥ 길묻기 Track 042

1 망가두아몰에 가려고 합니다.

Saya mau ke Mal Mangga Dua.
사야 마우 끄 몰 망가 두아

2 여기서부터 걸어서 얼마나 걸립니까?

Berapa lama dari sini kalau berjalan kaki?
브라빠 (을)라마 다리 시니 깔라우 버르잘란 까끼

3 한국대사관을 찾고 있습니다.

Saya sedang mencari Kedutaan Besar Korea.
사야 스당 믄짜리 끄두따안 브사르 꼬레아

4 여기서 먼가요?

Jauh dari sini?
자우ㅎ 다리 시니

5 가까운가요?

Dekat dari sini?
드깟 다리 시니

6 길을 잃었습니다.

Saya tersesat.
사야 떠르스삿

7 이 거리의 이름은 무엇입니까?

Apa nama jalan ini?
아빠 나마 잘란 이니

8 아이고, (목적지를)지나쳤습니다.

Aduh, saya kebablasan.

아두ㅎ 사야 끄바블라산

9 오른쪽/왼쪽에 있나요?

Ada di kanan / kiri?

아다 디 까난 끼리

10 화장실은 어디에 있나요?

Kamar kecilnya di mana?

까마르 끄찔냐 디 마나

* kamar mandi 까마르 만디 욕실
* kamar kecil / WC / toilet 까마르 끄찔/ 웨쎄/ 또일렛 화장실

c 는 인도네시아어에서는 **쩨**이나 영어일때는 **쎄**로 발음한다.
AC (에어컨) 아쎄 도 마찬가지이다.

tip kamar kecilnya 까마르 끄찔냐 에서 -nya 냐 는 대화가 일어나고 있는 장소에 있는 화장실을 나타낸다.

11 저쪽에 있습니다.

Ada di sana.

아다 디 사나

12 도서관은 어디입니까?

Perpustakaannya di mana?

뻐르뿌스따까안냐 디 마나

13 2층에 있습니다.

Ada di lantai dua.

아다 디 (을)란따이 두아

이것을 루피아(Rupiah)로 바꿀 수 있나요?

A) Bisa **tukar** ini dalam uang Rupiah?

비사　뚜까르　이니　달람　우앙　루피아ㅎ

얼마를 바꿔 드릴까요? 직역 : 얼마를 바꾸시려고 합니까?

B) Mau **tukar berapa**?

마우　뚜까르　브라빠

통장을 만들고 싶습니다.

A) Saya mau **buka rekening**.

사야　마우　부까　레끄닝

Tip ● 영어에서 *open an account* 와 같이 *open*의 의미를 갖고 있는 buka 부까 **열다**를 사용해서 **계좌를 열다**라고 표현한다.

어떤 계좌를 만들고 싶으세요? 루피아 또는 달러?

B) Mau **rekening seperti apa**? Rupiah atau dolar?

마우　레끄닝　스뻐르띠　아빠　루삐아ㅎ　아따우　돌라르

해외송금거래를 할 수 있는 계좌를 원합니다.

A) Saya mau buka rekening untuk **mengirim uang ke luar negeri**.

사야　마우　부까　레끄닝　운뚝　믕이림　우앙　끄　(올)루아르 느그리

화 폐			
● 화폐	mata uang 마따 우앙	● 위웬(중국돈)	Yuan 유안
● 인도네시아 화폐	Rupiah 루삐아ㅎ	● 원(한국돈)	Won 원
● 달러	Dolar 돌라르	유로	Euro 유로

① Rupiah 루삐아ㅎ
인도네시아 화폐
② Yuan 유안
위엔(중국돈)
영업끝~
퇴근이다 ㅎㅎ
③ Dolar 돌라르
달러
아싸!
용돈받았다~!
번호표
④ Won 원
원(한국돈)
⑤ Euro 유로
유로
Track 044

1 지금 환율이 어떻게 되나요?

Berapa kurs Rupiah sekarang?
브라빠　꾸르스 루삐아ㅎ　스까랑

2 원화를 바로 루피아로 바꿀 수 있습니까?

Bisa langsung tukar uang Won dengan Rupiah?
비사　(을)랑숭　뚜까르 우앙　원　등안　루삐아ㅎ

3 모두 루피아로 바꾸고 싶습니다.

Saya ingin menukar semuanya dalam Rupiah.
사야　잉인　므누까르　스무아냐　달람　루삐아ㅎ

4 고액권은 싫어요.　고액권⇨백만 루피아 짜리 지폐를 말함, 백만 루피아 짜리는 싫어요라는 의미

Saya tidak mau yang seratusan.　　　* uang yang seratusan 우앙 양 스라뚜산 고액권
사야　띠닥　마우　양　스라뚜산

tip
인도네시아 화폐 중 가장 큰 지폐는 **100.000 seratus ribu** 스라뚜스 리부이다.
외국인으로서 관광을 갈 경우에는 (쇼핑 시)이 지폐를 많이 사용하므로 작은 단위
는 조금 바꾸고 이 단위를 주로 사용하도록 한다.

액수권

* 20,000 루피아권　　　**20.000an** dua puluh ribu an　두아뿔루ㅎ리부안
* 10,000 루피아권　　　**10.000an** sepuluh ribu an 스뿔루ㅎ리부안
* 5,000 루피아권　　　**5.000an** lima ribu an (을)리마리부안

인도네시아에서는 세 자리 단위를 .(점)으로 표시하고, 소수점을 ,(코마)로 표시한다.

5 카드로 현금(루피아)을 찾고 싶은데요, 좀 도와주세요.

Saya mau tarik tunai dengan kartu, tolong bantu saya.
사야　마우　따릭　뚜나이　등안　까르뚜　똘롱　반뚜　사야

6 ATM은 어디에 있습니까?

ATMnya di mana?
아떼엠냐　디 마나

<table>
<tr><td colspan="3">은행에서 쓰는 말　인도네시아에서는 ATM으로 입금을 할 수 없다.</td></tr>
<tr><td>• 잔액조회를 하다</td><td>mengecek jumlah saldo</td><td>믕으쩩 줌라ㅎ 살도</td></tr>
<tr><td>• 현금인출을 하다</td><td>menarik tunai</td><td>므나릭 뚜나이</td></tr>
<tr><td>• 계좌이체를 하다</td><td>mentransfer uang</td><td>믄뜨란스퍼르 우앙</td></tr>
<tr><td>• 비밀번호</td><td>nomor pin</td><td>노모르 삔</td></tr>
</table>

tip　t로 시작하는 기본형은 **me**-동사와 만날 때 t가 생략되지만, 외래어는 해당되지 않고 t를 그대로 쓴다.
men + transfer = men**t**ransfer 뜨란스퍼르

7 카드를 넣어주세요.

Tolong masukkan kartu.
똘롱　마숙깐　까르뚜

8 신용카드를 잃어버렸습니다.

Saya kehilangan kartu kredit.
사야　끄힐랑안　까르뚜　끄레딧

9 은행은 몇 시까지 영업합니까?

Bank di sini buka sampai jam berapa?
방　디 시니　부까　삼빠이　잠　브라빠

이 근처에 우체국이 있습니까?

A) Ada kantor pos di sekitar sini?
아다　깐또르　뽀스　디　스끼따르　시니

* kantor pos 깐또르 뽀 우체국

우체국은 가자마다 대학교 근처에 있어요.

B) Kantor pos ada di dekat UGM.
깐또르　뽀스　아다　디　드깟　우게엠

* UGM : Universitas Gadjah Mada
우게엠 : 우니버르시따스 가자ㅎ 마다
가자 마다 대학

* dekat 드깟 가까운

이 엽서를 한국으로 보내고 싶습니다.

A) Saya mau kirim kartu ini ke Korea.
사야　마우　끼림　까르뚜　이니　끄　꼬레아

* kirim/mengirim 보내다
끼림　　　뭉이림

빠른 우편으로 하실건가요, 보통 우편으로 하실 건가요?

B) Kilat atau biasa?
낄랏　아따우　비아사

* Kilat 낄랏 빠른(우편)

* biasa 비아사 보통의

우체국		
• 편지	surat 수랏	
• 소포	paket 빠껫	
• 짐, 물건	barang-barang 바랑-바랑 복수형태	

이 소포를 ~로 보내고 싶습니다.

Saya ingin mengirim paket ini ke ~

사야 잉인 믕이림 빠껫 이니 끄

1 EMS를 사용해서 **보내**야 합니다.

Saya harus mengirim pakai EMS.
사야　하루스　믕이림　빠까이　이엠에스

2 **우표**를 주세요.

Saya mau membeli perangko.
사야　마우　음블리　쁘랑꼬

Minta perangko, Bu. 아주머니에게서 살 경우
민따　쁘랑꼬　부

* membeli 음블리 사다

3 **서울로** 보내는 겁니다.

Ini mau dikirim ke Seoul.
이니 마우　디끼림　　끄 서울

* di + kirim 보내지다 수동태
　디　　끼림

4 가장 **빠른** 우편으로 보내 주세요.

Yang paling cepat.
양　빨링　쩨빳

5 우편물 **보험**에 들고 싶습니다.

Saya ingin mendaftar asuransi buat paket saya.
사야　잉인　믄다프따르　아수란시　부앗　빠껫　사야

6 **중요한 서류**입니다.

Ini dokumen penting.
이니 도꾸멘　쁜띵

Ini dokumen konfidensial.
이니 도꾸멘　콘피덴시알

7 국제특급우편으로 보낼 수 있나요?

Bisa saya pakai kilat *internasional* ?
비사 사야 빠까이 낄랏 인떠르나시오날

* *internasional* 인떠르나시오날 (인떠르나쇼날)
국제특급우편

8 (이 소포는) 서울에 언제 도착합니까?

Kapan paket ini sampai di Seoul?
까빤 빠껫 이니 삼빠이 디 서울

9 (도착하는 데) 며칠이나 걸립니까?

Berapa lama sampai di sana?
브라빠 라마 삼빠이 디 사나

10 (보내는 데 가격이) 얼마 입니까?

Berapa biaya pengirimannya?
브라빠 비아야 뽕이림안냐

11 (여기) 우체국은 몇 시에 엽니까?/닫습니까?

Kantor pos di sini buka/ tutup jam berapa?
깐또르 뽀스 디 시니 부까 뚜뚭 잠 브라빠

12 우체국에서 은행업무를 볼 수 있습니까?

Apakah di kantor pos tersedia jasa seperti bank?
아빠까 디 깐또르 뽀스 떠르스디아 자사 스뻐르띠 방

* tersedia 떠르스디아
준비된, 갖춰진

* jasa 자사 서비스

어서오세요.

A) Mari.
마리

Silakan.
실라깐

> **Tip**
> silakan 실라깐은 다른 상황에서 silakan duduk 실라깐 두둑 **앉으세요** 와 같이 쓰일 수 있다. 가게에서 silakan 실라깐 이라고 했을 때는 **둘러 보세요** 정도로 이해하면 된다.

머리를 잘라 주세요.

B) Tolong potong rambut saya.
똘롱　　　뽀똥　　　람붓　　사야

* potong 뽀똥 자르다

어떻게 해 드릴까요?

A) Maunya bagaimana?
마우냐　　　바가이마나

* bagaimana 바가이마나 어떻게

Mau potong bagaimana?
마우　　뽀똥　　　바가이마나

* mau 마우 원하다 ; ～하려고 하다

이 사람처럼 해 주세요. 직역 : (사진을 보여주면서) 이거하고 똑같이 해 주세요.

B) Saya ingin model seperti ini.
사야　　잉인　　모델　　　스뻐르띠　　이니

* model 모델 형태, 유형, 예시

미용실

- 염색하다　mengecat 믕으짯 (＝cat 짯)
- 컷트하다　memotong 므모똥 (potong 뽀똥)
- 파마하다　keriting 끄리띵

Track 050

① **tempat pijat** 뜸빳 삐잣
마사지 샵

menu

② **pijat seluruh badan**
삐잣 슬루루ㅎ 바단
전신 마사지

③ **pijat punggung** 삐잣 뿡궁
등 마사지

④ **pijat leher** 삐잣 레헤르
목부위 마사지

⑤ *scrub* / **lulur** 스크럽 / (을)룰루르
각질제거

⑥ **masker wajah** 마스꺼르 와자ㅎ
얼굴 팩

⑦ **pijat kaki** 삐잣 까끼
발 마사지

⑧ **potong kuku** 뽀똥 꾸꾸
손톱다듬기(자르기)

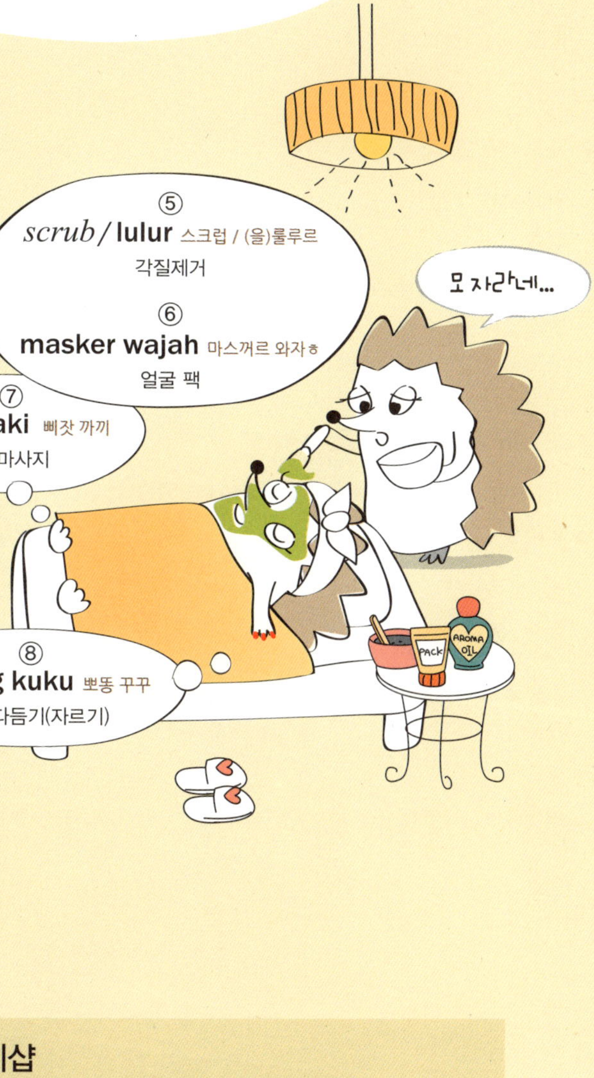

~해 주세요.

Tolong ~
똘롱

미용실과 마사지샵

한국 사람들이 인도네시아 미용실에서 머리를 하면 마음에 들지 않을 경우가 흔이 생길 수 있다. 하지만, 마사지샵은 한국에 비해 상당히 저렴하고 시원하게 잘 해주므로 한 번 마사지를 받아볼 만하다.

1 파마 해 주세요.

Tolong rambut saya dikeriting.
똘롱　　　람붓　　　사야　　　디끄리띵

2 스트레이트 해 주세요.

Tolong rambut saya diluruskan.
똘롱　　　람붓　　　사야　　　디(을)루루스깐

Tolong rambut saya direbonding.
똘롱　　　람붓　　　사야　　　디리본딩

3 가르마 없이 해 주세요.

Jangan buat belahan di rambut saya.
장안　　　부앗　　블라한　　　디 람붓　　　사야

4 너무 짧게 자르지 마세요.

Jangan dipotong terlalu pendek.
장안　　　디뽀똥　　　떠르(을)랄루　뻰덱

tip 머리카락이 주제어가 되어, 수동태 **di-**디를 사용하였다.

마사지 샵

5 전 염색 원하는데요.

Saya mau rambut saya dicat.
사야　　마우　람붓　　　사야　　디짯

* **cat** 짯 색을 입히다

6 샴푸 해 주세요.(머리를 감겨주세요)

Tolong rambut saya dikeramaskan.
똘롱　　람붓　　사야　　디끄라마스깐

7 커트와 염색을 해주세요.

Tolong potong dan mengecat rambut saya.
똘롱　뽀똥　단　　응으짯　　람붓　사야

* rambut 람붓 머리카락

8 염색 샘플있나요? 직역 : 염색된 머리카락 예가 있나요?

Ada contoh rambut yang dicat?
아마　쫀또ㅎ　람붓　양　디짯

9 시간이 얼마나 걸립니까?

Makan waktu berapa lama?
마깐　　왁뚜　　브라빠　　(을)라마

tip　인도네시아에서는 **시간이 걸리다**를
makan waktu 마깐 왁뚜 직역 : 시간을 (잡아)먹다 라고 한다.

10 드라이를 해 주세요.

Tolong keringkan rambut saya.
똘롱　　끄링깐　　람붓　사야

11 거울을 주세요.

Minta cermin.
민따　　쩌르민

    * cermin 쩌르민 거울

Saya mau lihat rambut saya dicermin. 거울로 자신의 머리를 보고 싶다라는 의미
사야　마우　(을)리핫 람붓　사야　디쩌르민

12 마사지도 해 주세요.

Tolong dipijat juga.
똘롱　　디삐잣　주가

13 예, 제 피부는 건성입니다.

Ya, tipe kulit saya kering.
야　띠쁘　꿀릿　사야　끄링

피부타입		
• 피부타입	tipe kulit 띠쁘 꿀릿	
• 지성	berminyak 버르미냑	
• (피부가) 예민하다	sensitif 센시티프	
• 복합성	kombinasi 꼼비나시	

14 더 세게 마사지 해 주세요.

Tolong dipijat lebih kuat.
똘롱　　디삐잣　(을)르비ㅎ 꾸앗

    * di + pijat 수동형

15 더 부드럽게 마사지 해 주세요.

Tolong pijatannya lebih lembut.
똘롱　　삐잣딴냐　(을)르비ㅎ (을)름붓

    * pijatan 삐잣딴 마사지

16 매니큐어를 해 주세요.

Tolong cat kuku saya dengan kutek.
똘롱　짯　꾸꾸　사야　등안　꾸떽

* kutek 꾸떽 매니큐어
* kuku 꾸꾸 손톱, 발톱
* cat 짯 칠하다
* dengan 등안 ～로

17 눈썹을 다듬어 주세요.

Tolong alis saya dirapikan.
똘롱　알리스　사야　디라삐깐

* alis 알리스 눈썹

시내투어가 있습니까?

A) Apakah ada wisata dalam kota?
　아빠까ㅎ　　아다　위사따　달람　꼬따

네. **있습니다.** / **없습니다.**

B) Ya, ada. / Tidak ada.
　야　아다　　띠닥　　아다

예약해야 합니까?

A) Apakah harus pesan dulu?
　아빠까ㅎ　　하루스　쁘산　둘루

출발 전에 구입할 수 있습니다.

B) Anda bisa beli sebelum berangkat.
　안다　비사　블리　스블룸　버르앙깟

관광 상품

- 시내투어　　　　　tur dalam kota 뚜르 달람 꼬따
- 시외투어　　　　　tur di luar kota 뚜르 디 (을)루아르 꼬따
- 하루 코스 (관광투어)　tur untuk seharian 뚜르 운뚝 스하리안
- 야간 코스　　　　tur malam 뚜르 말람

~를 구경하고 싶습니다.

Saya ingin melihat-lihat ~

사야　　잉인　　믈리핫-(을)리핫~

1 이 근처에 관광안내소가 있습니까?

(Apakah) ada pusat informasi wisata di sekitar sini?
(아빠까ㅎ)　아다　뿌삿　인포르마시　위사따　디 스끼따르　시니

2 무료 시내지도를 주십시오.

Saya mau peta kota (yang diberikan secara) gratis.　* gratis 그라띠스 무료
사야　마우　뻬따　꼬따　(양　디브리깐　스짜라)　그라띠스

3 자카르타 지도가 필요합니다.

Saya butuh peta Jakarta.
사야　부뚜ㅎ　뻬따　자까르따

4 한국어(영어)로 된 안내서가 있습니까?

Ada brosur dalam bahasa Korea (Inggris)?
아다　브로수르　달람　바하사　꼬레아　(잉그리스)

5 가 볼만한 곳을 추천해 주십시오. 직역 : 어느 관광지가 유명합니까?

Tempat wisata mana yang terkenal?
뜸빳　위사따　마나　양　떠르끄날

6 반나절코스를 원합니다.

Saya mau berwisata dari siang sampai sore.
사야　마우　버르위사따　다리　시앙　삼빠이　소레

7 시내(번화가)를 **구경하고 싶습니다.**

Saya mau melihat-lihat kota.
사야　마우　물리핫-(을)리핫　꼬따

* mau melihat-lihat　마우 물리핫-(을)리핫
~를 구경하고 싶다

8 **보로부드르 사원**에 가려면 어떻게 해야합니까?

Bagaimana cara pergi ke Candi Borobudur?
바가이마나　짜라　뻐르기　끄　짠디　보로부두르

9 이 곳은 어떻게 갑니까?

Bagaimana cara pergi ke tempat ini?
바가이마나　짜라　뻐르기　끄　뜸빳　이니

10 자전거를 **빌릴 수 있습니까?**

Bisa saya meminjam sepeda?
비사　사야　므민잠　스뻬다

이 곳에서 가장 유명한 것은 뭔가요?

A) Apa yang paling terkenal di daerah ini?
아빠 양 빨링 떠르끄날 디 다에라 이니

* paling terkenal 빨링 떠르끄날
가장 유명한

* wayang kulit 와양 꿀릿
가죽 그림자 인형극

가죽 그림자 인형극입니다.

B) Wayang kulit.
와양 꿀릿

이곳에서 가장 유명한 음식은 뭔가요?

A) Makanan apa yang paling terkenal di sini?
마깐안 아빠 양 빨링 떠르끄날 디 시니

구득 입니다.

B) Gudeg.
구득

* 족자를 대표하는 닭고기 요리. 아주 달다.

공연		
• 인도네시아 그림자 인형극	wayang (kulit) 와양(꿀릿)	
• 가죽	kulit 꿀릿	
• 공연, 극	pentas 뻰따스 / pertunjukan 뻐르뚠죽깐	

인도네시아는 ～로 유명합니다.

Indonesia terkenal ～

인도네시아 　　　떠르끄날

② 관람　Track 057

1 와양꿀릿이 보고 싶습니다. 어디서 볼 수 있나요?

Saya mau melihat pertunjukan wayang kulit.
사야　마우　믈리핫　뻐르뚠죽깐　와양　꿀릿

Di mana saya bisa lihat itu?
디 마나　사야　비사 (을)리핫 이뚜

2 와양을 보려면 자리를 예약해야 합니까?

Apakah harus pesan tempat dulu untuk melihat wayang?
아빠까ㅎ　하루스　쁘산　뜸빳　둘루　운뚝　믈리핫　와양

3 예약 안 해도 됩니다.

Tidak perlu pesan.
띠닥　뻐르(을)루 쁘산

4 이 건물은 언제 건축되었습니까?

Kapan gedung ini dibangun?
까빤　그둥　이니 디방운

5 이 도시에서 가장 오래된 건물은 어디있습니까?

Gedung yang tertua di kota ini ada di mana?
그둥　양　떠르뚜아 디 꼬따　이니 아다 디 마나

6 이 도시에서는 무슨 박물관이 유명합니까?

Museum apa yang terkenal di kota ini?

무세움 아빠 양 떠르끄날 디 꼬따 이니

7 전시회에 가 보고 싶습니다. 추천해 주시겠어요?

Saya mau melihat **pameran**. Bisakah Anda memberitahukan saya?

사야 마우 믈리핫 빠메란 비사까ㅎ 안다 믐브리따우깐 사야

> **tip** 추천하다는 **merekomendasikan** 므레꼬멘다시깐이지만, 이럴 때 인도네시아에서는 추천해달라는 말보다 **memberitahukan** 믐브리따우깐 **알려주다**라는 단어를 쓴다.

8 미술관에 가고 싶습니다. 어디 미술관이 유명한가요?

Saya mau ke **galeri**. Galeri apa yang **terkenal**?

사야 마우 끄 갈레리 갈레리 아빠 양 떠르끄날

9 이 공연을 보려면 어떻게 해야하나요?

Kalau mau melihat pertunjukan ini, saya harus bagaimana?

깔라우 마우 믈리핫 뻐르뚠죽깐 이니 사야 하루스 바가이마나

10 한국어로 된 가이드책자가 있습니까?

Apakah ada panduan dalam bahasa Korea?
아빠까ㅎ 아다 빤두안 달람 바하사 꼬레아

* panduan 빤두안 가이드 책자

11 팜플렛은 어디에 있습니까?

Pampletnya di mana?
빰쁠렛냐 디 마나

* pampletnya 빰쁠렛냐
화자가 보려고 하는 공연의 팜플렛을 가리킴

12 여기서 사진을 찍어도 됩니까?

Boleh memotret di sini?
볼레ㅎ 므모뜨렛 디 시니

13 저희 사진 좀 찍어 주세요.

Tolong fotokan kami.
똘롱 포토깐 까미

14 티켓은 어디서 삽니까?

Beli tiketnya di mana?
블리 띠껫냐 디 마나

15 매진입니까?

Tiketnya sudah habis?
띠껫냐 수다ㅎ 하비스

16 비오스꼽21이 어디 있나요?

Bioskop 21 itu ada di mana?
비오스꼽 뜨웬띠원 이뚜 아다 디 마나

* bioskop 비오스꼽 영화관

17 인도네시아의 유명한 공연은 무엇이 있습니까?

Di Indonesia pertunjukan apa yang terkenal?
디　인도네시아　　뻐르뚠죽깐　　　아빠　양　　떠르끄날

18 인도네시아 영화를 보고 싶습니다.

Saya mau (me)nonton film Indonesia.
사야　마우　(므)논똔　　　필름　인도네시아

주말에 저와 축구 경기장에 가시겠어요?

A) Mau(pergi) ke stadion sepak bola dengan saya akhir minggu ini?

마우 (뻐르기) 끄 스따디온 세빡 볼라 등안 사야 아히르 밍구 이니

> 
> **Tip**
> pergi 뻐르기 **가다**는 생략해도 된다. 구어체에서는 ke 끄 ~**로**(방향)를 뜻하는 전치사를 쓸 때 동사 **가다**를 생략한다.

어느 팀과의 경기인가요?

B) Pertandingan sekarang melawan tim mana?

뻐르딴딩안 스까랑 믈라완 띰 마나

좋아하는 스포츠가 무엇인가요?

A) Olahraga apa yang Anda sukai?

올라ㅎ라가 아빠 양 안다 수까이

배드민턴을 좋아합니다.

B) Saya suka bulu tangkis.

사야 수까 불루 땅끼스

스포츠		
•축구	sepak bola 세빡 볼라	
•족구	sepak takraw 세빡 따끄로	*인도네시아에서 인기있는 운동
•골프	golf 골프	
•테니스	tenis meja 떼니스 메자	
•배드민턴	bulu tangkis 불루 땅끼스	*인도네시아는 배드민턴 강국 중 하나이다.
•농구	bola basket 볼라 바스껫	

나는 매일 운동한다.

Saya berolahraga setiap hari. * berolahraga 비르올라ㅎ라가 운동하다
사야　비르올라ㅎ라가　스띠압　하리

1 저는 **축구경기**가 보고 싶습니다.

Saya ingin menonton pertandingan **sepak bola**.
사야　잉인　므논똔　　　뻐르딴딩안　　　세빡　볼라

2 표가 **아직 있습니까?**

Apakah **masih ada** tiket?
아다까　마시ㅎ　아다　띠켓

3 지금 티켓을 사면 경기장에 **들어갈 수 있나요?**

Kalau beli tiketnya sekarang, **bisa masuk** ke tempat pertandingan?
깔라우　블리　띠껫냐　스까랑　비사　마숙　끄　뜸빳　뻐르딴딩안

4 경기는 **몇 시에** 시작합니까?

Pertandingannya dimulai **jam berapa**?
뻐르딴딩안냐　디물라이　잠　브라빠

* dimulai 디물라이 시작되다 수동태

5 학생 **할인**이 됩니까?

Bisa dapat **diskon** kalau mahasiswa?
비사　다빳　디스콘　깔라우　마하시스와

* kalau 깔라우 (만약) ～라면
* mahasiswa 마하시스와 대학생

6 (학생) 할인은 **없습니다.**

Tidak ada diskon (untuk mahasiswa).
띠닥　아다　디스꼰　운뚝　마하시스와

7 축구경기에 관한 정보를 얻고 싶습니다.

Saya ingin mendapatkan informasi tentang pertandingan sepak bola.
사야　잉인　은다빳깐　인포르마시　뜬땅　뻐르딴딩안　세빡　볼라

8 저는 그 팀의 팬입니다.

Saya pendukung tim itu.
사야　쁜두꿍　띰　이뚜

Saya ngefans tim itu.
사야　응으팬스　띰　이뚜

9 이용대 배드민턴 선수가 이 곳에서 아주 유명합니다.

Pemain bulu tangkis Lee Young Dae sangat terkenal di sini.
쁘마인　불루　땅끼스　이　용　대　상앗　떠르끄날　디 시니

* pemain 쁘마인 선수

10 이용대선수를 아시나요?

Kenal Lee Yong Dae, tidak?
끄날　리　용　대　띠닥

Kenal Lee Yong Dae, enggak?
끄날　리　용　대　응각

우리는 **물이 있어요?** 라고 묻지만, 인도네시아식으로는 **물이 있어요, 없어요?**
하고 긍정과 부정을 같이 물어본다.

그래서 직역을 하면 **이용대 선수를 알아요, 몰라요?** 가 된다.

tidak 띠닥 **아니요**　동사와 형용사를 부정한다.
enggak 응각 **아니요**　일반적 표현 ⇨ 비격식체

11 이용대 선수를 알고는 있지만, 개인적으로는 몰라요.

Saya tahu Lee Young Dae itu siapa, tapi tidak kenal secara pribadi.
사야　따우　이　용　대　이뚜 시아빠　따삐 띠닥　끄날　스짜라　쁘리바디

12 매일 운동하세요?

Apakah Anda berolahraga setiap hari?
아빠까ㅎ　안다　버르올라ㅎ라가　스띠압　하리

그러시면, 어떤 운동을 하세요?

Kalau iya, olahraga apa?
깔라우　이야　올라ㅎ라가　아빠

> **tip** ya 야 네 (yes) 구어체에서 iya 이야로 흔히 쓰인다.

13 이 근처에 체육관(*fitness club, gym*)이 있습니까?

Ada tempat fitness di sekitar sini?
아다　뜸빳　핏느스　디 스끼따르　시니

* tempat kebugaran 뜸빳 끄부가란
건강해지는 곳, 즉, 체육관(피트니스 클럽)

> **tip** 인도네시아인들은 fitness 핏느스라고 발음한다.

14 저하고 같이 수영하러 가실래요?

Mau pergi berenang bersama saya?
마우　뻐르기　버르낭　버르사마　사야

* berenang 버르낭 수영하다
* (ber)sama saya 버르 사마 사야
～저와 같이

15 (운동경기를) 직접하는 것보다 보는 것을 더 좋아해요.

Saya lebih suka menonton saja daripada bermain.

사야　(을)르비 수까　　므논똔　　　사자　다리빠다　　버르마인

16 운동장비를 빌릴 수 있나요?

Bisa saya meminjam alat-alat olahraga?

비사　사야　므민잠　　　　알랏-알랏　　올라ㅎ라가

술 한잔 할 까요?

A) Mau minum **minuman keras bersama?**
　마우　　미눔　　　미눔안　　　　끄라스　　버르사마

좋아요. **맥주** 어때요?

B) Boleh. Mau **bir?**
　볼레ㅎ　　마우　비르

* bir 비르 맥주

앉아서 얘기할 수 있는 곳이 있나요?

A) Ada **tempat nongkrong** di sekitar sini?
　아다　　뜸빳　　농끄롱　　　　디　스끼따르　시니

> **Tip** tempat nongkrong 뜸빳 농끄롱 앉아서 간식거리를 먹고, 담배도 피우며 이야기 할 수 있는 곳.
> 텐트가 쳐져 있기도 해서 한국의 포장마차와 비슷하게 보이기도 하다. 야외에 있는 곳, 좋은 커피숍 등을 다 포함
> 하는 말이다.　　　　　　　*nongkrong 농끄롱 앉아서 유유자적 수다 떨며 시간을 보내는 것
>
> kaki lima 까끼 (을)리마 라고 해서 길거리음식을 파는 가판대 같은 것도 흔히 볼 수 있다.

네, 있습니다. **제가 안내하겠습니다.**

B) Ya, ada. **Saya yang mengantar ya.**
　야　아다　사야　양　　뭉안따르　　　야

주 류

- 레드와인　　minuman anggur merah 미눔안 앙구르 메라ㅎ
- 화이트와인　minuman anggur putih 미눔안 앙구르 뿌띠ㅎ
- 샴페인　　　sampanye 삼빠녀
- 무알콜샴페인 sampanye yang tidak mengandung alkohol
　　　　　　　삼빠녀　　　양　띠닥　뭉안둥　　　알코홀

칵테일 cocktail 콕테일 인도네시아에서는 콕테일하면 과일통조림으로 만든 음식을 말하기 때문에, 메뉴를 보고, minuman beralkohol 미눔안 버르알꼬홀 **알코올음료**를 찾도록 한다.

맥주 마실까? 내가 낼게.

Mau minum bir, enggak ? Aku yang traktir.

마우　미눔　비르　응각　아꾸　양　뜨락띠르

유흥문화

인도네시아는 80%이상이 이슬람을 믿으므로 술을 마시지 않으니 이 점에 있어서는 조심하도록 한다.
술을 마시자고 할 때는 보통 Mau minum bir? 마우 미눔 비르 맥주 한 잔 할래요? 라고 한다.

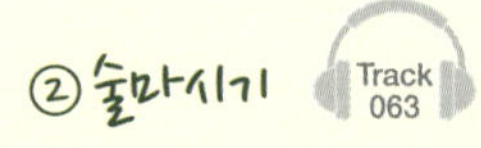

1 분위기 좋은 술집이 있나요?

Ada bar yang suasananya bagus di sekitar sini?
아다 바르 양 수아사나냐 바구스 디 스끼따르 시니

* suasana 수아사나
분위기

2 이 근처에 좋은 클럽이 있나요?

Ada *club* yang bagus di sekitar sini?
아다 클럽 양 바구스 디 스끼따르 시니

3 네. 있어요.

Ya, ada.
야 아다

아니오. (우리) 밖에서(다른데서) 찾아야 해요.

Tidak, kita harus cari di luar.
띠닥 끼따 하루스 짜리 디 (을)루아르

4 맥주 한 잔 간단히 마시고 싶은데요, 어디서 사나요?

Saya ingin minum bir, bisa beli di mana?
사야 잉인 미눔 비르 비사 블리 디 마나

어디서 마실 수 있나요?

Bisa minum di mana?
비사 미눔 디 마나

5 어떤 종류의 음악이 나옵니까?

Di sana ada jenis musik apa?
디 사나 아다 제니스 무직 아빠

gado-gado
가도 가도
인도네시식
야채 샐러드

6 맥주 주세요.

Minta bir.
민따　　비르

7 안주는 간단한 것으로 주세요.

Minta lauknya yang sederhana saja.
민따　　(을)라욱냐　양　　스더르하나　　사자

tip 인도네시아에서 안주를 주문하는 것은 술과 같이 먹을 수 있는 요리를 시키는 것이라고 생각하면 된다.

8 마른안주 있나요? 오징어, 땅콩을 맥주 안주로 먹지 않으므로, 과자종류를 말하는 것

Ada makanan kecil yang kering, tidak? 땅콩이 있지만, 마른안주로 같이 나오는 것은 아니다.
아다　마깐안　　끄질　양　　끄링　　띠닥

9 과일샐러드 주세요.

Minta salad buah.
민따　　살랏　　부아ㅎ

10 (젊은 남자 종업원에게) 안주는 필요 없습니다.

Tidak usah pakai lauk, Mas.
띠닥　　우사ㅎ　빠까이　(을)라욱　마스

tip 밥과 함께 먹는 **반찬**을 lauk (을)라욱 이라고 한다. 그러므로 이 때는

Kami mau minum saja. Tidak pesan makanan.
까미　마우　미눔　　사자　띠닥　　쁘산　　마깐안

저희 그냥 (맥주만) 마실게요, 안주(음식) 주문 안 하고요. 라는 표현을 쓰는 것이 더 자연스럽다.

11 여기, (위스키) **한 잔(병)** 더요.

Mas / Mbak, satu lagi.
마스　　음박　　사뚜　(을)라기

12 인도네시아 **전통주** 있나요?

Ada minuman keras khas Indonesia?
아다　미눔안　　　끄라스　　하스　　인도네시아

* khas 하스 / 카스
독특한, 특별한

13 안주가 **맛있네요.**　이 음식 맛있네요(안주 개념이 없으므로)라는 의미

Makanan ini enak.
마깐안　　　이니　에낙

14 많이 주세요.

Tolong dikasih yang banyak.
똘롱　　　디까시ㅎ　양　　　바냑

15 (술 한잔) **더 하세요.**

Ayo, tambah lagi.
아요　땀바ㅎ　　(을)라기

16 딱 **한 잔 더** 하죠.

Satu gelas lagi saja.
사뚜　　글라스　(을)라기　사자

17 (당신) 취했어요.

Anda mabuk.
안다　　마북

otak-otak
오딱　　　오딱

18 그만 마시죠.

Sudahlah.

수달라ㅎ

19 집에 혼자 갈 수 있나요?

Anda bisa pulang sendiri?

안다　비스　뿔랑　슨디리

20 너를 집에 데려다 줄게.

Saya antar kamu.

사야　안따르　까무

디스코텍(나이트**클럽**)이 있나요?

A) Ada *club* di sini?
아다　클럽　디　시니

* *club* 클럽
춤도 추고 밴드의 공연도 볼 수 있는 곳

네. **좋은 곳이 있어요.**

B) Ya. Ada yang bagus.
야　아다　양　바구스

오늘밤에 쇼가 있습니까?

A) Ada *show* malam ini?
아다　쏘　말람　이니

네. **잠시후** 시작합니다.

B) Ya. Akan dimulai sebentar lagi.
야　아깐　디물라이　스븐따르　(을)라기

* *dimulai* 디물라이 시작되다 수동태

예약해야 하나요?

A) Apakah harus pesan?
아빠까ㅎ　하루스　쁘산

술집

- 바　　　　　bar 바르
- 찻집/ 커피숍　kafe/*cafe* 까페, kedai kopi 꼬다이 꼬삐/*coffee shop* 커피 숍
- 술집　　　　tempat minum minuman keras 뜸빳 미눔 미눔안 끄라스

인도네시아의 클럽문화

인도네시아는 이슬람문화권이지만, 무슬림이라 하더라도
클럽을 즐기는 사람들이 있다. 보통 클럽에 가서 술도 마시
고 춤도 춘다. 실력이 대단한 아마추어 밴드들이 나와 공
연을 하는 것을 볼 수도 있으며, 가끔 가수들이 초대되기
도 한다.

③ 클럽 Track 066

1 저와 함께 **춤추면서** 노시겠어요?

Mau melantai dengan saya?
마우　믈란따이　등안　사야

* melantai 믈란따이
파티에서 함께 춤추다

2 여기에 **앉아도 될까요?**

Boleh duduk di sini?
볼레ㅎ　두둑　디 시니

3 당신에게 한눈에 **반했습니다.**

Saya tertarik pada Anda.
사야　떠르따릭　빠다　안다

* naksir 낙시르 반하다

Begitu saya melihat Anda, saya langsung merasa jatuh cinta.
브기뚜　사야　믈리핫　안다　사야　(을)랑숭　므라사　자뚜　찐따

* jatuh cinta 자뚜 찐따 사랑에 빠지다

4 **춤을** 잘 추시네요.

Anda pintar joget.
안다　삔따르　조겟

* pintar + 동사　～를 잘 하다
삔따르

6 분위기 **짱입니다.**

Suasananya luar biasa.
수아사나냐　(을)루아르 비아사

* luar biasa (을)루아르 비아사
비범한, 보통이 넘는, 아주 훌륭한

7 우리 데이트해요.

Ayo kita berkencan.
아요　끼따　버르끈짠

* ayo 아요
～하자, 어서～해 (청유)

간단히 한 잔 해요! 직역 : 맥주 딱 한 잔만 마셔요.

Minum bir satu gelas saja.
미눔 비르 사뚜 글라스 사자

정말 급할 때는 Tolong! 똘롱 한마디로 충분하다

도와주세요!

A) Tolong bantu saya.
　　똘롱　　　반뚜　　　사야

무슨 일이세요?

B) Ada apa?
　　아다　　아빠

왜 그러세요?

B) Kenapa?
　　꼬나빠

신용카드를 잃어버렸어요.

A) Saya kehilangan kartu kredit.
　　사야　　꼬힐랑안　　　까르뚜　　꼬레딧

소지품

• 여권	paspor 빠스뽀르	• 핸드폰	HP/ponsel 하뻬 / 뽄셀
• 비행기표	tiket pesawat 띠껫 쁘사왓	• 짐	barang (bawaan) 짐이 하나 일 때 바랑　　바와안 barang-barang 짐이 여러 개일 경우 바랑　　바랑

인도네시아에서 주의해야 할 것

시장, 버스 안과 같이 사람이 많은 곳에서는 지갑이 든 가방은 항상 내 몸 앞으로 두고 다니는 것이 안전하다.

1 좀 **도와주시겠어요?**

Bisakah Anda membantu saya?
비사까ㅎ   안다   음반뚜   사야

2 가까운 **경찰서**가 어디 있나요?

Kantor polisi terdekat ada di mana?
깐또르   뽈리시   떠르드깟   아다 디 마나

3 지갑을 잃어버렸습니다.

Saya kehilangan dompet.
사야   끄힐랑안   돔뻿

Dompet saya hilang.
돔뻿   사야   힐랑

4 어디에 **신고**를 해야하나요?

Saya harus melapor ke mana?
사야   하루스   믈라뽀르   끄 마나

5 택시에 **가방을 두고 내렸어요**.

Tas saya ketinggalan di taksi.
따스 사야   끄띵갈란   디 딱시

> tip 택시에 가방을 두고 내리면 거의 찾을 수 없다.
> 인도네시아도 우리나라처럼 콜택시가 있고 비교적 빨리 오지만, 우리처럼 운전자
> 의 휴대폰 번호를 알 수 있는 시스템이 아직 없기 때문이다.

6 버스에 **짐을 두고 내렸습니다**.

Barang-barang saya ketinggalan di bus.
바랑   바랑   사야   끄띵갈란   디 부스

7 공항에서 제 짐이 사라졌습니다.

Barang-barang saya hilang di bandara.
바랑　　　바랑　　　사야　　힐랑　　디 반다라

Saya kehilangan barang di bandara.
사야　　끄힐랑안　　　바랑　　디 반다라

*bandara 반다라 공항

8 표를 호텔에 두고 왔습니다. (실수로 · 고의적인 것이 아님)

Tiket saya ketinggalan di hotel.
띠껫　　사야　　끄띵갈란　　　디 호뗄

9 여권을 잃어버렸습니다.

Saya kehilangan paspor.
사야　　끄힐랑안　　　빠스뽀르

10 가방 안에는 여권, 현금, 신용카드, 면허증 등이 있었습니다.

Tas saya berisi paspor, uang tunai, kartu kredit, dan SIM.
따스　사야　버르이시 빠스뽀르　우앙　뚜나이　까르뚜　끄레딧　단　심

*SIM (Surat Ijin Mengemudi)
심　　　수랏　　이진 믕으무디
운전면허증

11 아까 교통사고가 났었습니다.

Tadi ada kecelakaan / tabrakan.
따디　아다　끄쯸락까안　　　따브락깐

*kecelakaan 사고
끄쯸락까안

tabrakan 충돌, 추돌
따브락깐

12 자전거에 부딪혔습니다.

Saya bertabrakan dengan sepeda.
사야　버르따브락깐　　등안　　스뻬다

Saya tertabrak sepeda.
사야　떠르따브락　스뻬다

무슨 일 있어요?

A) Ada apa?
　　아다　　아빠

몸이 좋지 않아요.

B) Badan saya (terasa) kurang enak.
　　바단　　사야　　(떠라사)　　꾸랑　　에낙

안색이 안 좋아 보여요!

A) Anda kelihatan pucat sekarang.
　　안다　　끌리핫딴　　뿌짯　　스까랑

Muka Anda kelihatan pucat.
　무까　　안다　　끌리핫딴　　뿌짯

병원에 같이 가 주세요.

B) Tolong temani saya ke Rumah Sakit.
　　똘롱　　뜨마니　　사야　　끄　루마ㅎ　　사깃

* pucat 뿌짯
창백한, 안색이 안 좋은

* kelihatan 끌리핫딴
～해 보이다

* Rumah Sakit 루마ㅎ 사깃
병원

진료 확인서가 필요합니다. 직역 : 진료를 받았는지 확인서류를 가져올 필요가 있습니다.

A) Anda perlu bawa surat pernyataan kalau Anda sudah diperiksa.
　　안다　　뻐를루　　바와　　수랏　　뻐르냐따안　　깔라우　　안다　　수다ㅎ　　디쁘릭사

알겠습니다.

B) Ya. Oke.
　　야　　오께

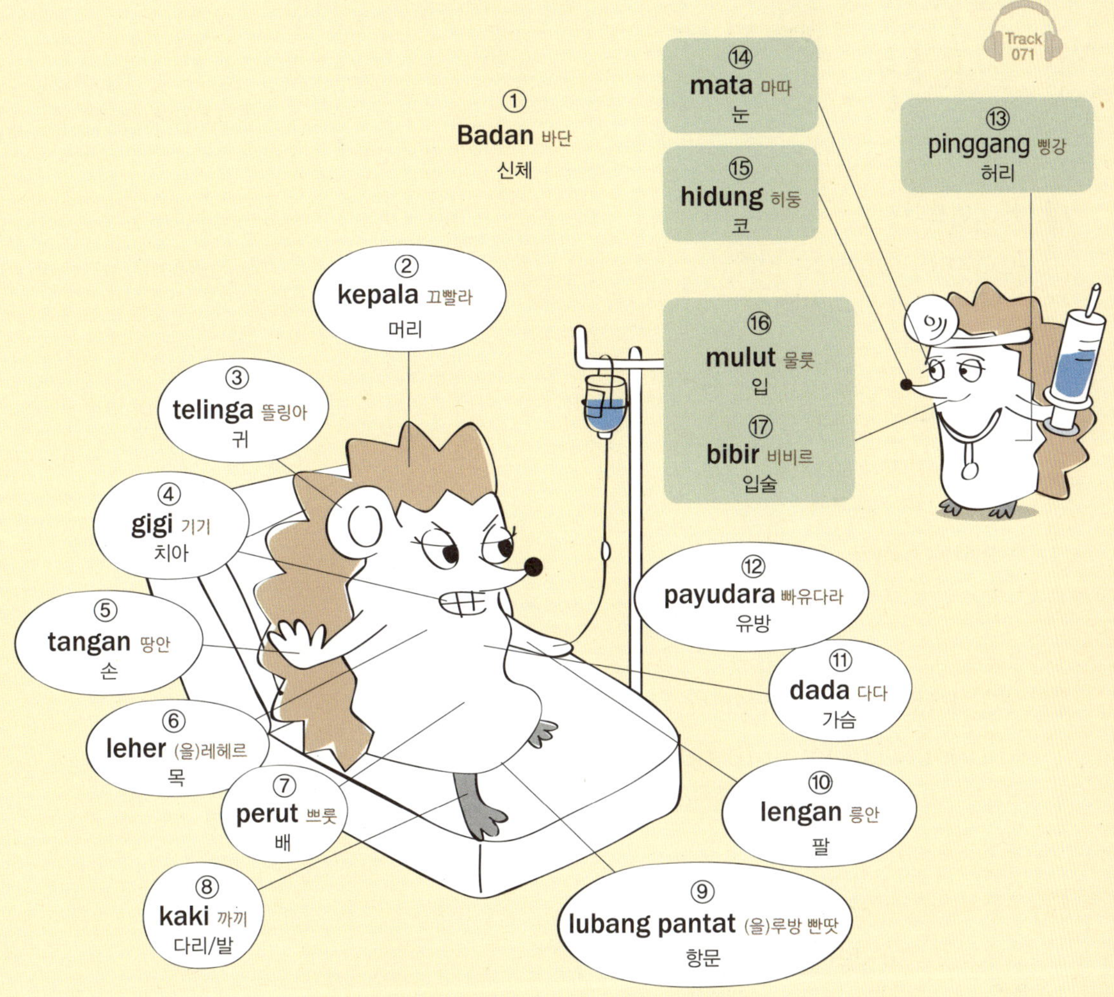

~가 아프다

Saya sakit ~

사야   사낏

Saya sakit kepala. 사야 사낏 끄발라 머리가 아파요.

아플 때...

인도네시아 병원비는 우리나라와 비교했을 때에도 상당히 비싼편이다.

아프지 않도록 잘 먹으면서 여행하는 것이 좋다!

또한 한국에서 비상약을 꼭 준비해 가도록 한다.

1 어디 아프니?

Apakah kamu sakit?
아빠까ㅎ 　까무 　사낏

* kamu 까무 (2인칭) 너

2 머리가 아파요.

Saya sakit kepala.
사야 　사낏 　끄빨라

Kepala saya sakit.
끄빨라 　사야 　사낏

* kepala 끄빨라 머리
* kepala saya 끄빨라 사야 내 머리

3 가장 가까운 병원은 어디인가요?

Rumah Sakit yang terdekat ada di mana?
루마ㅎ 　사낏 　양 　떠르드깟 　아다 디 마나

4 구급차를 불러주세요.

Tolong panggilkan ambulance.
똘롱 　빵길깐 　암불란스

5 감기에 걸린 것 같아요.

Sepertinya saya (ter)kena/ terserang flu.
스뻐르띠냐 　사야 　(떠르)끄나 　떠르스랑 　플루

Sepertinya saya masuk angin.
스뻐르띠냐 　사야 　마숙 　앙인

* flu 플루 감기

6 머리가 어지러워요.

Kepala saya pusing /pening.
끄빨라 　사야 　뿌싱 　쁘닝

7 계속 설사를 해요.

Saya diare terus.
사야   디아레   뜨루스

* diare 디아레 설사

8 속이 메슥거리다.   직역 : 토하고 싶어요

Saya ingin muntah.
사야   잉인   문따ㅎ

* ingin 잉인 ~하고 싶다
* muntah 문따ㅎ 토하다

9 체한 것 같아요.

Sepertinya pencernaan saya kurang bagus.
스뻐르띠냐   쁜쩌르나안   사야   꾸랑   바구스

10 열이 나요.

Badan saya (terasa) panas.
바단   사야   (떠라사)   빠나스

* panas 빠나스 뜨거운, 더운

11 침을 삼킬 때 목이 아파요.

Ketika saya menelan ludah, tenggorokan saya sakit.
끄띠까   사야   므늘란   (을)루다   뜽고록깐   사야   사낏

12 기침이 자주 납니다.

Saya sering batuk.
사야   스링   바뚝

13 어제부터 콧물이 납니다.

Hidung saya mengeluarkan ingus sejak kemarin.
히둥   사야   믕을루아르깐   잉우스   스작   끄마린

* sejak 스작
~이래로 (영어의 since와 같음)

14 이 약은 언제 먹습니까?

Kapan saya harus minum obat ini?
까빤 사야 하루스 미눔 오밧 이니

* minum obat 미눔 오밧
약을 먹다

tip 인도네시아에서는 **약을 먹는다**라고 하지 않고 **minum** 미눔 **마신다** 라고 한다.

15 하루에 몇 번 먹나요?

Berapa kali saya harus minum obat ini?
브라빠 깔리 사야 하루스 미눔 오밧 이니

16 하루 3번 식전에 드세요.

Minum obat ini sebelum makan, tiga kali sehari.
미눔 오밧 이니 스불룸 마깐 띠가 깔리 스하리

17 하루 2번 식후에 드세요.

Minum obat ini sesudah makan, dua kali sehari.
미눔 오밧 이니 스수다ㅎ 마깐 두아 깔리 스하리

18 해외여행자보험에 들어있습니다.

Saya mempunyai asuransi wisata.
사야 뭄뿌냐이 아수란시 위사따

* mempunyai 뭄뿌냐이 가지다

19 필요한 서류가 무엇인가요?

Dokumen apa yang diperlukan?
도꾸멘 아빠 양 디뻐르(을)루깐

20 사본이 필요합니다.

Harus ada salinan.

하루스　아다　살린안

* harus ada　하루스 아다
～가 있어야 하다

21 보험금 청구할 서류가 필요합니다.　보험금을 받을 서류가 있어야 한다.

Harus ada dokumen untuk menagih uang asuransi.

하루스　아다　도꾸멘　　운뚝　므나기ㅎ　　우앙　아수란시

143

CHAPTER 3
질문과 답변

인도네시아는 자유로운 토론 분위기가 형성되어 있다. 수업시간에 교사와
학생의 토론이 자유롭게 이루어지며, 학생들도 적극적으로 질문한다.
인도네시아인은 외국인에게 친절하고, 예의를 지키며 관심을 표한다.

 1 신상

★ 이름이 뭔가요?

Siapa nama Anda?　　2인칭의 이름을 물을 때　　　　* siapa 시아빠 *who* 누구
시아빠　　나마　　안다

> *Tip* 인도네시아어는 사람 이름을 물을 때 *what*을 쓰지 않고 *who* 를 쓴다.

Siapa nama dia?　　3인칭의 이름을 물을 때
시아빠　　나마　　디아

Siapa namanya?
시아빠　　나마냐

> *Tip* namanya 나마냐 는 nama dia 나마 디아 를 칭한다. 즉 –nya 냐 = dia 디아 3인칭을 말한다.

····▶ 저는 데위입니다. / 제 이름은 데위입니다.
Saya Dewi. / Nama saya Dewi.
사야　　데위　　　나마　　사야　　데위

★  실례지만, 몇 살 입니까?　　　　　　　* umur saya 우무르 사야 제 나이는

Maaf, umur Anda berapa? = Maaf, berapa umur Anda?
마아프　우무르　안다　브라빠　　　마아프　브라빠　우무르　안다

····▶ 저는(제 나이는) 25살 입니다.
Saya dua puluh lima.
사야　두아　뿔루ㅎ　(을)리마

Umur saya dua puluh lima.
우무르　사야　두아　뿔루ㅎ　(을)리마

>  발음 주의　rima 리마가 아니라 한국어의 을을 발음할 때 혀의 위치에서 (을)리마 lima를 발음한다.

★ 어느 나라 사람인가요? / 어느 지역 출신인가요?

Anda berasal dari mana?
안다　　버르아살　　다리　　마나

* berasal 버르아살 ～출신이다
* dari 다리 ～로부터, ～에서 *(from)*

›››› 저는 한국인입니다.

Saya orang Korea.
사야　　오랑　　꼬레아

›››› 저는 한국의 서울에서 왔습니다.

Saya berasal dari Seoul, Korea.
사야　　버르아살　　다리　　서울　　꼬레아

Saya datang dari Seoul, Korea.
사야　　다땅　　다리　　서울　　꼬레아

* datang 다땅 오다

Saya dari Seoul, Korea.
사야　　다리　　서울　　꼬레아

❀ (국가, 지명) ～에서 왔다

berasal dari~
버르아살　　　다리

★ 북한에서 오셨나요, 남한에서 오셨나요?

Dari Korea Utara, atau Korea Selatan?
다리　　꼬레아　　우따라　　아따우　　꼬레아　　슬라딴

* atau 아따우 또는

›››› 저는 남한에서 왔습니다.

Saya dari Korea Selatan.
사야　　다리　　꼬레아　　슬라딴

★ 직업은 무엇입니까?

Apa pekerjaan Anda? = Pekerjaan Anda apa?
아빠　　뻐꺼르자안　　안다　　　버꺼르자안　　안다　　아빠

 직업이 뭐냐고 직접적으로 물어보기 보다는 아래의 질문처럼 어디에서 일하는지를 흔히 물어본다.

★ 어디에서 일하십니까?

Anda bekerja di mana?
안다　　버꺼르자　　디　마나

···▸ 은행에서 일합니다.

Saya bekerja di bank.
사야　　버꺼르자　　디　방

···▸ 회사원입니다.

Saya pegawai kantor.
사야　　쁘가와이/쁘가웨이　깐또르

···▸ 가자 마다 대학에 다니고 있습니다. (〜대학에서 공부하고 있습니다)

Saya belajar di UGM. (Universitas Gadjah Mada)
사야　　블라자르　　디　우게엠　　우니버르시타스　　가자ㅎ　　마다

★ 지금 어디에 살고 있나요?

(Anda) tinggal di mana?
안다　　띵갈　　디　마나

···▸ 발리에 살고 있습니다.

Saya tinggal di Bali.
사야　　띵갈　　디　발리

아래에 나온 단어들을 ✓ 체크하면서 내 것으로 만들어 보자!

Track 074

- ★ **penyanyi**
  쁘냐니 — 가수
- ★ **perawat**
  쁘라왓 — 간호사
- ★ **profesor / dosen**
  쁘로페소르 / 도센 — 대학교수 / 대학강사
- ★ **pengajar / guru**
  쁭아자르 / 구루 — 교사
- ★ **pegawai negeri**
  쁘가와이 느그리 — 공무원
- ★ **penganggur**
  쁭앙구르 — 백수
- ★ **pengusaha**
  쁭우사하 — 사업가
- ★ **artis / selebriti**
  아르띠스 /셀레브리띠 — 연예인
- ★ **pemain film**
  쁘마인 필름 — 영화배우
- ★ **aktor / aktris**
  악또르 / 악뜨리스 — 남자배우/여자배우
- ★ **seniman**
  스니만 — 예술가
- ★ **koki**
  꼬끼 — 요리사
- ★ **dokter**
  독떠르 — 의사
- ★ **ibu rumah tangga**
  이부 루마ㅎ 땅가 — 주부
- ★ **mahasiswa/ mahasiswi**
  마하시스와 마하시스위 — 대학생/여대생
- ★ **pelukis**
  쁠루끼스 — 화가

★ 형제가 어떻게 됩니까? (형제가 몇 명입니까?)

Berapa saudara Anda?

브라빠　　　　사우다라　　　　안다

···▶ 저는 동생이 있습니다.

Saya mempunyai adik. = Saya punya adik.

사야　　　음뿐냐이　　　　아딕　　　　사야　　　뿐냐　　　아딕

 mempunyai 음뿐냐이를 간단히 punya 뿐냐라고 할 수 있다. 구어체에서는 흔히 간단한 표현을 쓴다.

···▶ 외동입니다.

Saya anak tunggal.

사야　　　아낙　　　뚱갈

★ 언제 결혼 할 거야?

Kapan mau menikah?

까반　　　　마우　　　므나까ㅎ

···▶ 언젠가는 하겠지 뭐~

Hmm. Kapan-kapan.

흠　　　까빤　　　까빤

* kapan-kapan 까빤 까빤 *someday*
언젠가, 훗날

★ 결혼 하셨습니까?

Anda sudah menikah?

안나　　　수다ㅎ　　　므니까ㅎ

* sudah 수다ㅎ ~했습니다.

···▶ 결혼 했습니다.

Saya sudah menikah.

사야　　　수다ㅎ　　　므니까ㅎ

···▶ 아직 **결혼 안 했습니다.**

Saya belum berkeluarga.
사야　블룸　버르꿀루아르가

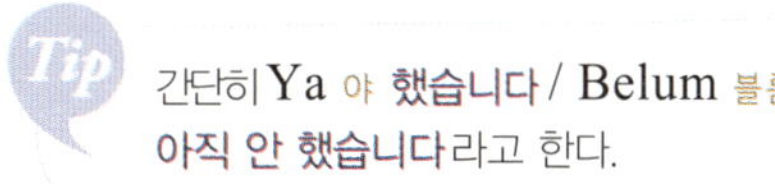

···▶ 아직 **미혼입니다.**

Saya belum menikah.
사야　블룸　므니까ㅎ

···▶ 아직 **총각**입니다

Saya masih bujangan.
사야　마시ㅎ　부장안

···▶ 저는 아직 **싱글**입니다.

Saya masih lajang.　=　Saya masih single.
사야　마시ㅎ　(을)라장　　　　사야　마시ㅎ　싱글

*** masih** 마시ㅎ 아직, 여전히

★ **애인** 있어요?

Anda punya pacar?　=　Punya pacar, enggak?
안다　뿌냐　빠짜르　　　　뿌냐　빠짜르　응각

···▶ 애인 **없어요.**

Saya tidak mempunyai pacar.
사야　띠닥　믐뿌냐이　　　빠짜르

Saya tidak punya pacar.
사야　띠닥　뿌냐　빠짜르

···▶ **Saya jomblo.**
사야　　좀블로

* jomblo 좀블로 (통상적으로) 젊은 싱글이라는 의미

Saya enggak punya pacar.
사야　　응각　　뿌냐　　빠짜르

일반적으로 문맥상 통할 때는 tidak punya 띠닥 뿌냐 / enggak punya 응각 뿌냐 없습니다 라고
간단히 말 할 수 있다.

···▶ (저희는)두 달 전에 헤어졌습니다.

Kami putus dua bulan yang lalu.
까미　　뿌뚜스　　두아　　불란　　양　　랄루

* kami 까미 (청자를 제외한) 우리, 저희

★ 가족이 있습니까? 결혼하여 생긴 가족 – '결혼했습니까?'라는 의미

Anda sudah berkeluarga?
안다　　수다ㅎ　　버르끌루아르가

···▶ 아직 아이는 없습니다.

Saya belum mempunyai anak.
사야　　블룸　　음뿌냐이　　아낙

Saya belum punya anak.
사야　　블룸　　뿌냐　　아낙

···▶ 딸이 둘 있습니다.

Saya punya dua putri.
사야　　뿌냐　　두아　　뿌뜨리

···▶ 아들이 셋 있습니다.

Saya punya tiga putra.
사야　　뿌냐　　띠가　　뿌뜨라

아래에 나온 단어들을 ✓ 체크하면서 내 것으로 만들어 보자!

- ★ **kakak**
  까깍
  형, 누나, 언니, 오빠

- ★ **kakak laki-laki**
  까깍 (을)라끼-(을)라끼
  형, 오빠

- ★ **kakak perempuan**
  까깍　쁘름뿌안
  누나, 언니

- ★ **adik**
  아딕
  동생

- ★ **adik laki-laki**
  아딕 (을)라끼-(을)라끼
  남동생

- ★ **adik perempuan**
  아딕　쁘름뿌안
  여동생

- ★ **sulung**
  술룽
  맏이

- ★ **bungsu**
  붕수
  막내

- ★ **anak**
  아낙
  아이, 자녀

- ★ **anak tunggal**
  아낙　뚱갈
  외동

- ★ **putra / anak laki-laki**
  뿌뜨라　아낙 (을)라끼-(을)라끼
  아들

- ★ **putri / anak perempuan**
  뿌뜨리　아낙　쁘룸뿌안
  딸

② 물건

★ 이것은 무엇입니까?

Apa ini?　　=　Ini apa?
아빠 이니　　　　　　　이니 아빠

⋯▶ 인도네시아 전통의상입니다.

Ini pakaian tradisional Indonesia.
이니　빠까이안　　뜨라디쇼날　　인도네시아

> **지시대명사**
>
> • 이것　　ini 이니　　　　　　　　• 저것, 그것　itu 이뚜
>
> • 어느 것　yang mana 양 마나

★ 이것은 인도네시아어로 뭐라고 하나요?

Ini apa namanya dalam bahasa Indonesia?
이니　아빠　나마냐　　　달람　　바하사　　인도네시아

⋯▶ 안동이라고 해요.　　　　　　　　　　　　　　* andong 안동 마차

Andong namanya. = Namanya andong.
안동　　　나마냐　　　　나마냐　　안동

⋯▶ 꼬바야라고 부릅니다.

Ini namanya Kebaya.　　　　　　　　　　* nama 나마 이름
이니　나마냐　　꼬바야　　　　　　　* Kebaya 꼬바야 인도네시아 전통 옷

★ 여기에 인도네시아어로 적어주세요.

Tolong tuliskan dalam bahasa Indonesia di sini.
똘롱　　　뚤리스깐　　달람　　바하사　　인도네시아　　디　시니

★ 다른 것 있나요?

Ada yang lain?
아다　양　(을)라인

★ 다른 색깔 있나요?

Ada warna lain?
아다　와르나　(을)라인

* warna 와르나 색깔

★ 다른 색깔 좀 보여주세요.

Tolong perlihatkan warna (yang) lain.
똘롱　뻐르리핫깐　와르나　(양)　(을)라인

★ 다른 것을 보고 싶습니다.

Saya ingin lihat yang lain.
사야　잉인　(을)리핫 양　(을)라인

★ 좀 더 (많이) 주세요.

Tolong tambahkan.
똘롱　땀바ㅎ깐

★ 오늘 시간 있으세요?

Ada waktu hari ini?

아다　와뚜　하리　이니

★ 지금, 몇 시 입니까?

Sekarang jam berapa?　=　Jam berapa sekarang?

스까랑　잠　브라빠　　잠　브라빠　스까랑

⋯▸ 오후 1시입니다.

Jam 1 siang.

잠　사뚜 시앙

★ 아침 9시에 만나요.

Mari kita bertemu jam 9 pagi.

마리　끼다　버르뜨무　잠　승빌란 빠기

★ 오후 4시에 봅시다.

Mari kita bertemu jam 4 sore.

마리　기따　버르뜨무　잠　음빳 소레

* buka 부까 열다(열린)
* tutup 뚜뚭 닫다(닫힌)

★ 영업시간은 어떻게 되나요? (=이 가게는 몇 시에 열고 몇 시에 닫나요?)

Toko ini buka jam berapa dan tutup jam berapa?

또꼬　이니 부까　잠　브라빠　단　뚜뚭　잠　브라빠

⋯▸ 그 가게는 5시에 문을 닫아요.

Toko itu tutup jam 5.

또꼬　이뚜　뚜뚭　잠　(을)리마

┈▶ 그 **식당**은 8시에 문을 **열어요.**

Rumah makan itu buka jam 8.

루마ㅎ　　　마깐　　　이뚜 부까　　잠　들라빤

 현지인들은 delapan 들라빤 을 발음할 때 del 들 을 발음하지 않거나 발음이 약해진다.
강세가 la 라 에 가기 때문이다.

ex) 8 delapan 들라빤 ⇨ (들)라빤

★ 보통 몇 시에 **잡니까?**

Biasanya tidur jam berapa?

비아사냐　　　띠두르　　잠　　브라빠

┈▶ 저는 **보통** 밤 12시에 잡니다.

Saya biasanya tidur jam 12 malam.

사야　　비아사냐　　　띠두르　잠　두아블라스 말람

★ 보통 몇 시에 **일어납니까?**

Biasanya bangun jam berapa?

비아사냐　　　방운　　　잠　　브라빠

┈▶ 보통 **늦게 일어납**니다. 날이 새고 시간이 좀 지나 늦게 일어나는 편

Saya biasanya bangun siang.

사야　　비아사냐　　　방운　　　시앙

┈▶ 아침 **일찍 일어나는** 편입니다.

Saya bangun pagi-pagi.

사야　　방운　　　빠기　　빠기

★ 내일 몇 시에 떠날겁니까?

Besok, mau berangkat jam berapa?
베속　　마우　　버르앙깟　　　잠　　브라빠

⋯▶ 저녁 7시에 떠나려고 합니다.

Saya mau berangkat jam 7 malam.
사야　　마우　　버르앙깟　　　잠　　뚜주ㅎ 말람

★ 이 열차는 몇 시에 출발하나요?

Kereta ini berangkat jam berapa?
끄레따　　이니　버르앙깟　　　잠　　브라빠

⋯▶ (이 열차는) 오전 11시에 출발합니다.

(Kereta ini) berangkat jam 11 siang.
끄레따　　　이니　　버르앙깟　　　잠　　스블라스 시앙

★ 여기서 거기까지 시간이 어느 정도 걸립니까?

Berapa lama dari sini ke sana?
브라빠　　라마　　다리　시니　끄　사나

Dari sini ke sana makan waktu berapa lama?
다리　시니　끄　사나　마깐　　왁뚜　　브라빠　　라마

* makan waktu　마깐 왁뚜　시간이 걸리다

⋯▶ 여기서 30분 밖에 안 걸립니다.

Hanya setengah jam dari sini.
하냐　　스뜽아ㅎ　　잠　　다리　시니

Tip　setengah : $\frac{1}{2}$ ⇨ setengah jam 스뜽아ㅎ 잠　30분 = tigapuluh menit 띠가쁠루ㅎ 므닛

···▶ 10분이면 거기에 도착합니다.

10 menit lagi, kita akan sampai di sana.

스뿔루ㅎ 므닛　라기　끼따　아깐　삼빠이　디 사나

Tip

3시 15분　① jam tiga lima belas menit 잠 띠가 (올)리마블라스 므닛
　　　　② jam tiga lewat seperempat 잠 띠가 (올)레왓 스뻐르음빳

　　　　　　　　　　　　　　　　* lewat (올)레왓 (시간이) 지난

15분　　lima belas menit 리마블라스 므닛 60분에서 ¼이므로 seperempat 스뻐르음빳
　　　　4분의 1 이라고도 함

4시 30분　① jam empat tiga puluh menit 잠 음빳 띠가뿔루ㅎ 므닛
　　　　② jam setengah lima 잠 스뜽아ㅎ (올)리마

　　　　5시로 가는 길이 있다면 그 길의 반 정도를 지났으므로 setengah lima 스뜽아ㅎ
　　　　(올)리마 라고도 표현함

2시 10분 전　jam dua kurang sepuluh menit 잠 두아 꾸랑 스뿔루ㅎ 므닛

　　　　　　kurang 10 menit 꾸랑 스뿔루ㅎ 므닛 10분 전

　　　　　　　　　　　　　　　　* kurang 꾸랑 ～이 부족한

인도네시아에서 쓰이는 숫자

숫 자

①	satu	사뚜
②	dua	두아
③	tiga	띠가
④	empat	음빳
⑤	lima	(을)리마
⑥	enam	으남
⑦	tujuh	뚜주ㅎ
⑧	delapan	들라빤
⑨	sembilan	슴빌란
⑩	sepuluh	스뿔루ㅎ
⑪	sebelas	스블라스
⑫	dua belas	두아 블라스
⑬	tiga belas	띠가 블라스
⑭	empat belas	음빳 블라스
⑮	lima belas	(을)리마 블라스
⑯	enam belas	으남 블라스
⑰	tujuh belas	뚜주ㅎ 블라스
⑱	delapan belas	들라빤 블라스
⑲	sembilan belas	슴빌란 블라스
⑳	dua puluh	두아 뿔루ㅎ
30	tiga puluh	띠가 뿔루ㅎ
40	empat puluh	음빳 뿔루ㅎ
50	lima puluh	리마 뿔루ㅎ

60	enam puluh	으남 뿔루ㅎ
70	tujuh puluh	뚜주 뿔루ㅎ
80	delapan puluh	들라빤 뿔루ㅎ
90	sembilan puluh	슴빌란 뿔루ㅎ
100	seratus	스라뚜스ㅎ
1,000	seribu	스리부ㅎ

20,000	dua puluh ribu 두아 뿔루ㅎ 리부
25,000	dua puluh lima ribu 두아 뿔루ㅎ (을)리마 리부
50,000	lima puluh ribu (을)리마 뿔루ㅎ 리부
100,000	seratus ribu 스라뚜스 리부
150,000	seratus lima puluh ribu 스라뚜스 (을)리마 뿔루ㅎ 리부
185,000	seratus delapan puluh lima ribu 스라뚜스 들라빤 뿔루ㅎ (을)리마 리부
1,000,000	sejuta, satujuta 스주따 사뚜주따
10,000,000	sepuluh juta 스뿔루ㅎ 주따
20,000,000	duapuluh juta 두아뿔루ㅎ 주따

> **Tip 발음 주의**
>
> S 는 스가 아니라 영어의 S로 발음하도록 주의한다.
> 인도네시아에서는 세 자리 숫자 단위를 점(.) 띠띡으로 표시한다. 소수점은 코마 (,) 꼬마로 표시한다.

★ 제 전화번호는 081-3412-25679 입니다.

Nomor saya nol delapan satu, tiga empat satu dua,
노모르　사야　놀　들라빤　사뚜　띠가 음빳　사뚜　두아

dua lima enam tujuh sembilan.
두아　(을)리마　으남　뚜주ㅎ　슴빌란

Tip 인도네시아인은 번호를 적어달라고 했을 때 띄어쓰기를 해 주는 경우가 드물다.

★ 핸드폰 번호를 알려주세요. 직역 : 핸드폰 번호가 몇 번입니까?

Berapa nomor HP Anda?
브라빠　노모르　하뻬　안다

★ 인도네시아 국가 번호는 몇 번입니까?

Berapa kode area nomor telepon untuk Indonesia?
브라빠　꼬드　아레아　노모르　뗄레뽄　운뚝　인도네시아

›››› 62번입니다.

Enam puluh dua.
으남　뿔루ㅎ　두아

★ 지금 **몇 월** 입니까?

Bulan apa sekarang?
불란　　아빠　　스까랑

* Bulan 불란 달. 월

1월 ~ 12월

• 1월	Januari 자누아리		• 7월	Juli 줄리
• 2월	Februari 페브루아리		• 8월	Agustus 아구스뚜스
• 3월	Maret 마룻		• 9월	September 셉뗌버르
• 4월	April 아쁘릴		• 10월	Oktober 옥또버르
• 5월	Mei 메이		• 11월	November 노펨버르
• 6월	Juni 주니		• 12월	Desember 데셈버르

★ 오늘은 **며칠**인가요?

Hari ini tanggal berapa?
하리　이니 땅갈　　브라빠

Tanggal berapa hari ini?
땅갈　　　브라빠　　하리　이니

▸ **12월 25일** 입니다.

(Tanggal) dua-puluh-lima bulan Desember.
땅갈　　　　두아　　뿔루ㅎ　(올)리마　불란　　데셈버르

▸ **2013년** 8월 15일입니다.

Tanggal 15 Agustus tahun 2013.
Tanggal lima belas Agustus tahun dua-ribu-tiga belas. [읽기]
땅갈　　(올)리마 블라스 아구스뚜스　따훈　　두아　리부　띠가 블라스

인도네시아에서는 우리나라와 다르게 일-월-년 순서로 표현한다.

···▸ 오늘은 7일입니다.

Hari ini tanggal tujuh.

하리　이니　땅갈　　뚜주ㅎ

★ 오늘이 **무슨 요일**인가요?

Hari ini hari apa?

하리　이니　하리　아빠

···▸ 오늘은 **월요일**입니다.

Hari ini hari Senin.

하리　이니　하리　스닌

요일			
• 월요일	Senin 스닌	• 금요일	Jumat 줌앗
• 화요일	Selasa 슬라사	• 토요일	Sabtu 삽뚜
• 수요일	Rabu 라부	• 일요일	Minggu 밍구
• 목요일	Kamis 까미스		

주			
• 주	minggu 밍구 / pekan 쁘깐	• 다음 주	minggu depan 밍구 드빤
• 이번 주	minggu ini 밍구이니	• 지난 주	minggu (yang) lalu 밍구 양 (을)랄루
			minggu kemarin 밍구 끄마린

Tip 영화를 보는 주라는 축제기간이 있으면 **pekan film** 쁘깐 필름 이라고 할 수 있다.
TV에서 프로그램을 광고할 때도 **pekan ini** 쁘깐 이니 이빈주라는 표현을 쓰는 것을 볼 수 있다.
회화체에서는 주*(week)*를 얘기할 때 **minggu** 밍구 를 더 많이 쓴다.

★ 생일은 언제입니까?

Ulang tahun Anda kapan?
울랑 　따훈 　안다 　까빤

★ 생일이 며칠입니까?

Tanggal berapa ulang tahun Anda?
땅갈 　브라빠 　울랑 　따훈 　안다

····▸ 제 생일은 6월 3일입니다.

Ulang tahun saya (tanggal) 3 Juni.
울랑 　따훈 　사야 　(땅갈) 　띠가 주니

★ 언제 시작하나요?

Kapan mulainya?
까빤 　물라이냐

* mulai 물라이 시작하다

★ 자바페스티발 기간은 언제인가요?

Kapan ada Java Festival?
까빤 　아다 　자바 　페스티발

····▸ 보통 매년 2월말에서 3월초까지 열립니다.

Biasanya diadakan dari akhir Februari sampai awal Maret.
비아사냐 　디아다깐 　다리 　아히르 　페브루아리 　삼빠이 　아왈 　마롯

Tip dari~ sampai~ 다리~삼빠이~ ~에서 ~까지, ~부터 ~까지

★ 축제는 몇일부터 몇일까지 인가요?

Festival itu mulai tanggal berapa dan selesai tanggal berapa?

페스티발　　이뚜　물라이　　땅갈　　　브라빠　　단　　슬르사이　　땅갈　　　브라빠

> * mulai 물라이 시작하다
> * selesai 슬르사이 끝나다, 마치다

···▶ 토요일 밤부터 수요일 새벽까지 입니다.

Dari Hari Sabtu malam sampai subuh Hari Rabu.

다리　　하리　　삽뚜　　말람　　　삼빠이　　수부ㅎ　　하리　　라부

> * subuh 수부ㅎ 새벽 4시~5시경

토요일 밤은 sabtu malam 삽뚜 말람 이라고 해도 무방하나,
흔히 쓰는 표현은 malam minggu 말람 밍구 이다. 일요일이 오기 전 밤이기 때문이다. 연인들이 주로
이 날 데이트를 한다. 주말에 뭐 하냐고 물을 때 Malam minggu ngapain? 말람 밍구 응아빠인
주말에 뭐해? 토요일밤에 뭐해? 라고 많이 묻는다.

연도 tahun 따훈

- 1999년　**tahun seribu sembilan ratus sembilan puluh sembilan**
  　　　　　따훈　　스리부　　슴빌란　　　라뚜스　슴빌란　　　뿔루ㅎ　슴빌란
- 2000년　**tahun dua ribu** 따훈 두아 리부
- 2002년　**tahun dua ribu dua** 따훈 두아 리부 두아
- 2012년　**tahun dua ribu duabelas** 따훈 두아 리부 두아블라스
- 2013년　**tahun dua ribu tigabelas** 따훈 두아 리부 띠가블라스

★ 얼마입니까?

Berapa? = Berapa harganya? = Harganya berapa?
브라빠   브라빠   하르가냐   하르가냐   브라빠

* harga 하르가 가격

harganya 하르가냐 가격을 물어보기위해 지칭한
특정 물건의 가격을 말함

★ 아저씨, 저건 얼마예요?

Pak, kalau itu berapa?
빡   깔라우   이뚜   브라빠

⋯▶ 200,000 루피아 입니다.

Rp.200.000. dua ratus ribu rupiah
두아   라뚜스   리부   루삐아ㅎ

★ 좀 깎아 주세요.

Tolong kasih diskon.
똘롱   까시ㅎ   디스꼰

★ 저는 돈이 많이 없습니다.

Saya tidak punya uang yang banyak.
사야   띠닥   뿌냐   우앙   양   바냑

★ 많이 살 테니까, 깎아 주세요.

Tolong kasih diskon, saya mau beli yang banyak.
똘롱   까시ㅎ   디스꼰   사야   마우   블리   양   바냑

★ 깎아 주시면 이거 살게요.

Saya mau beli ini kalau dikasih diskon.
사야　마우　블리　이니　깔라우　디까시ㅎ　디스꼰

Tip 수동태 di + kasih 까시ㅎ 주다　dikasih 디까시ㅎ : 받다

★ 한국의 화폐는 뭡니까?

Mata uang Korea apa?
마따　우앙　꼬레아　아빠

┈▶ 한국의 화폐는 원이라고 합니다.

Mata uang Korea itu Won.
마따　우앙　꼬레아　이뚜　원

┈▶ 이것이 한국 돈입니다.

Ini uang Korea.
이니　우앙　꼬레아

★ 몇 루피아 입니까?

Berapa rupiah?
브라빠　　루삐아ㅎ

★ 몇 달러 입니까?

Berapa dolar?
브라빠　　돌라르

② 일상에서 바로쓰는 회화

1 휴가 (바캉스) Liburan (올)리부란

★ 휴가 어디로 가세요?

Mau berlibur ke mana?
마우 버르(올)리부르 끄 마나

★ 언제 휴가를 떠나나요?

Kapan pergi berlibur?
까빤 뻐르기 버르(올)리부르

┈┈▶ 저는 지금 휴가 중이에요.

Saya sedang berlibur.
사야 스당 버르(올)리부르

┈┈▶ 우린 내일 아침에 휴가를 떠납니다.

Kami berangkat berlibur besok pagi.
까미 버르앙깟 버르(올)리부르 베속 빠기

★ 휴가 잘 보내. / 즐거운 휴가 보내세요.

Selamat berlibur.
슬라맛 버르(올)리부르

★ 방학은 언제 끝나요? '방학이 언제까지냐?'라는 의미

Libur sekolahnya sampai kapan?
(올)리부르 스꼴라ㅎ냐 삼빠이 까빤

★ 가족과 함께 여행을 가려고 해요.

Saya mau berlibur dengan keluarga saya.
사야 마우 버르(올)리부르 둥안 끌루아르가 사야

관계		
• 남자친구 / 여자친구	pacar 빠짜르 / kekasih 끄까시	애인, 사랑하는 사람
• 부모님	orang tua 오랑 뚜아	
• 친구	teman 뜨만 / teman-teman 뜨만-뜨만	친구들
• 동료	teman sekerja 뜨만 스꺼르자 / kolega 꼴레가	

★ 휴가 즐거웠어요?

Liburannya menyenangkan?

(울)리부란냐　　　므녀냥깐

★ 빨리 바캉스를 떠나고 싶어요.

Saya ingin cepat-cepat berlibur.

사야　　잉인　　쩨빳　　쩨빳　　버르(울)리부르

★ 계속 휴가면 좋겠습니다.

Saya ingin liburan terus.

사야　　잉인　　(울)리부란　　뜨루스

★ 작년 휴가는 정말 즐거웠습니다.

Liburan tahun lalu sangat menyenangkan.

(울)리부란　　따훈　　(울)랄루　　상앗　　므녀냥깐

★ 이번 휴가도 많이 기대가 됩니다. 　수동태

Liburan kali ini sangat saya tunggu.

(울)리부란　｜깔리　이니　상앗｜　　사야　뚱구　｜

　　└─목적어─┘　　부사어　1인칭 주어　　동사

 **Tip** 1인칭 주어일 경우 수동태문은 목적어 + 주어 + 동사기본형 이다.

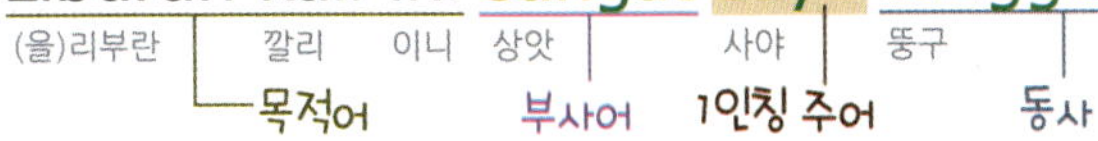능동태 Saya sangat tunggu liburan kali ini. 사야 상앗 뚱구 (울)리부란 깔리 이니

　　　주어　　　　동사　목적어

★ 휴가 때는 계속 자기만 할 겁니다.

Saya mau tidur terus selama liburan.

사야　　마우　　띠두르　　뜨루스　　슬라마　　(울)리부란

★ 잘 다녀 오세요. '길 조심하세요'라는 의미

Hati-hati.
하띠 - 하띠

★ 우리 집에 초대하고 싶어요.

Saya ingin mengundang Anda ke rumah saya.
사야 잉인 믕운당 안다 끄 루마ㅎ 사야

★ 여기가 내 방이에요.

Di sini kamar saya.
디 시니 까마르 사야

★ 화장실은 저쪽에 있어요.

Kamar kecilnya (ada) di sebelah sana.
까마르 끄찔냐 (아다) 디 스블라ㅎ 사나

* ada 아다 ～에 있다

★ 먼저 손부터 씻고, 식사하세요. 직역 : 밥 먹기 전에 손부터 씻으세요.

Cuci tangan dulu sebelum makan.
쭈찌 땅안 둘루 스불룸 마깐

★ 이건 제가 만든 쿠키예요.

Ini kue buatan saya.
이니 꾸에 부앗딴 사야

★ 한국드라마나 영화 채널이 있습니까?

Ada stasiun TV yang memutar sinetron Korea atau film Korea?
아다 스따시운 띠피 양 므무따르 시네뜨론 꼬레아 아따우 필름 꼬레아

* sinetron Korea 시네뜨론 꼬레아 한국 드라마

* 우리 시장에 같이 갈래요?

Mau pergi ke pasar bersama?
마우　뻐르기　끄　빠사르　버르사마

Mau pergi bareng ke pasar?
마우　뻐르기　바릉　끄　빠사르

> bersama 버르사마 / bareng 바릉 함께 (bareng이 더 캐주얼한 표현이다)
> **발음 주의** bareng 바렝(x) 바릉(o)

* 내 청바지 보셨나요?

Apakah Anda melihat celana jeans saya?
아빠까　안다　믈리핫　쫄라나　진스　사야

* celana jeans 쫄라나 진스 청바지

* 내 속옷이 어디 있는지 모르겠어요.

Saya tidak tahu celana dalam saya ada di mana.
사야　띠닥　따우　쫄라나　달람　사야　아다　디　마나

* celana dalam 쫄라나 달람 팬티, 속옷

★ 저는 한 달 전에 이 곳으로 유학왔어요.

Saya datang ke Indonesia satu bulan yang lalu untuk belajar.
사야　다땅　끄　인도네시아　사뚜　불랸　양　(올)랄루　운뚝　블라자르

★ 개학은 언제인가요?　'방학이 언제 끝나냐?'로 물어본 표현이다.

Kapan libur sekolah berakhir?
까빤　(올)리부르 스꼴라ㅎ　버르아히르

★ 수업은 모두 인도네시아어로 진행되나요?

Bahasa pengantar perkuliahan Anda bahasa Indonesia?
바하사　뽕안따르　뻐르꿀리아한　안다　바하사　인도네시아

직역 : 당신의 수업 언어 즉, 수업시간에 어떤 언어로 공부를 하는지 물어보는 것

★ 제 전공은 국제관계입니다.

Jurusan saya (adalah) HI (Hubungan Internasional).
주루산　사야　(아달라ㅎ)　하이　(후붕안　인떠르나시오날)

★ 문화에 대한 수업도 듣고 싶습니다.

Saya ingin mengambil kuliah tentang kebudayaan juga.
사야　잉인　멍암빌　꿀리아ㅎ　뜬땅　끄부다야안　주가

＊ mengambil kuliah 멍암빌 꿀리아ㅎ 수업을 듣다

★ 저는 공부해서 학위 받으려고 이곳에 왔어요.

Saya datang ke Indonesia untuk belajar dan
사야　　다땅　　끄　인도네시아　　운뚝　　　블라자르　　단

mendapatkan gelar.
믄다빳깐　　　　　글라르

 **Tip**

(S1 에스 사뚜 : strata 1　S2 에스 두아 : strata 2　S3 에스띠가 : strata 3)
*strata 스뜨라따 : (계)급, (계)층

학 위			
학사	sarjana 사르자나	학사학위논문	skripsi 스끄립시
석사	master 마스떠르	석사학위논문	tesis 떼시스
박사	doktor 독또르	박사학위논문	disertasi 디서르따시

★ 우리 시험이 언제지?.

Kita ujian kapan?
끼따　　우지안　　까빤

····▶ 다음주 월요일부터 시험이야.

Ujiannya mulai Senin depan.
우지안냐　　　물라이　　스닌　　드빤

★ 다음달까지는 논문을 완성해야만 해요.

Saya harus menyelesaikan skripsi saya paling lambat
사야　　하루스　　므녈르사이깐　　　　　스끄립시　　사야　　빨링　　(을)람밧

sampai bulan depan.
삼빠이　　불란　　드빤

* paling lambat 빨링 (을)람밧 아무리 늦어두

★ 교수님을 만나려면 어디로 가야하나요?

Ke manakah saya harus pergi untuk bertemu dengan profesor itu?
끄 마나까ㅎ 사야 하루스 뻐르기 운뚝 버르뜨무 등안 쁘로페소르 이뚜

Saya harus pergi ke mana untuk bertemu dengan profesor itu?
사야 하루스 뻐르기 끄 마나 운뚝 버르뜨무 등안 쁘로페소르 이뚜

★ 저희 교수님과 점심약속이 있어요.

Saya ada janji makan siang bersama profesor saya.
사야 아다 잔지 마깐 시앙 버르사마 쁘로페소르 사야

★ 석사과정으로 인도네시아 역사를 공부하고 싶습니다.

Saya ingin mengambil program S-2 Sejarah Indonesia.
사야 잉인 믕암빌 쁘로그람 에스 두아 스자라ㅎ 인도네시아

★ 한국에서 대학을 졸업했습니다.

Saya sudah lulus S-1 di Korea.
사야 수다ㅎ (을)룰루스 에스 사뚜 디 꼬레아

174

★ 이번 학기에는 (제가) 어떤 교과목을 배우게 됩니까?

Mata kuliah apa yang akan saya pelajari semester ini?

마따　　꿀리아ㅎ　아빠　양　　아깐　사야　뽈라자리　시메스떠르　　이니

★ 아~ 시험에 떨어지고 말았어요.

Ah~ saya **gagal ujian** itu.

아~　　사야　가갈　우지안　이뚜

* gagal 가갈 실패하다

★ (어학과정에서) 레벨테스트를 받아야만 하나요?

Apakah saya harus melewati **tes penempatan kelas**?

아빠까ㅎ　　사야　하루스　물레와띠　　떼스　쁘늠빧딴　　꿀라스

* tes penempatan kelas 떼스 쁘늠빧딴 꿀라스
반편성시험

1 이유를 물을 때

★ 한국에 **왜** 돌아가세요?

Kenapa pulang ke Korea?
끄나빠　　뿔랑　　끄　　꼬레아

Track
086

* pulang ke 뿔랑 끄 ~로 돌아가다
돌아오다

···▶ 지진 **때문에** 무서워서요.

Saya takut karena gempa.
사야　　따꿋　　까르나　　금빠

* gempa 금빠 지진

★ **왜**요?

Mengapa? / Kenapa?
믕아빠　　　　끄나빠

★ (그) **이유**가 뭡니까?

Apa alasannya?
아빠　　알라산냐

★ (그) 이유를 **물어봐도 됩니까?**

Boleh saya tanya apa alasannya?
볼레ㅎ　　사야　　따냐　　아빠　　알라산냐

★ 왜 **그렇습니까?**

Kenapa seperti itu?
끄나빠　　스뻐르띠　　이뚜

★ (그) 이유를 **설명해 주세요.**

Tolong jelaskan alasannya.
똘롱　　즐라스깐　　알라산냐

★ 보내는 가격이 얼마입니까?

Berapa biaya pengirimannya?
브라빠　　　비아야　　뽕이림안냐

Track 087

★ 비용이 얼마입니까?

Berapa biayanya?
브라빠　　　비아야냐

★ 이것은 무엇입니까?

Apa ini? ＝ Ini apa?
아빠 이니　　　　이니　아빠

★ 이것은 무엇으로 만들었나요?

Ini dibuat dari apa?
이니　디부앗　　다리　　아빠

★ 누구세요? 초인종이 울릴 때

Siapa?
시아빠

★ 이 사람은 누구입니까?

Siapa orang ini?
시아빠　　오랑　　　이니

★ 이 분은 누구십니까?

Siapa beliau ini?
시아빠　　불리아우　　이니

* beliau 불리아우 3인칭을 높여 부를 때 씀

★ 이 단어는 무슨 뜻입니까?

Apa arti kata ini?
아빠 아르띠 까따 이니

★ 이 단어는 어떻게 발음하나요?

Bagaimana melafalkan kata ini?
바가이마나 믈라팔깐 까따 이니

★ 천천히 말해 주세요.

Tolong bicara dengan pelan-pelan.
똘롱 비짜라 등안 뿔란 뿔란

★ 저는 인도네시아어가 서툽니다.

Bahasa Indonesia saya kurang lancar.
바하사 인도네시아 사야 꾸랑 (을)란짜르

* lancar (을)란짜르 (언어가) 유창한

3 되물을 때

★ 뭐라고요?

Apa?
아빠

★ 죄송하지만, 다시 말씀해 주세요.

Maaf, tolong katakan sekali lagi.
마아프　똘롱　까따깐　스깔리　(을)라기

★ 죄송하지만, 알아들을 수가 없네요.　직역 : 이해할 수가 없네요.

Maaf, saya tidak bisa mengerti.
마아프　사야　띠닥　비사　믕으르띠

f 발음을 우리말의 [프] 로 발음하지 않도록 주의한다. 영어의 f 로 발음하도록 한다.

★ 다른 방법은 없습니까?

Apakah tidak ada cara lain?
아빠까ㅎ　띠닥　아다　짜라　(을)라인

★ 질문(하나)해도 될까요?

Boleh saya bertanya?
볼레ㅎ　사야　버르딴야

④ 대답

1 일반적인 대답

★ 좋아요!

Okay! / Baiklah!
오케이　　바익라ㅎ

★ 싫어요!

Tidak mau!
띠닥　　마우

★ 네.

Ya.
야

★ 아니요. / 아니에요.

Tidak. (형용사·동사 부정) **/ Bukan.** (명사부정)
띠닥　　　　　　　　　　　　　부깐

★ 알겠습니다.

Oke. / Baik.
오께　　바익

★ 안 됩니다.

Tidak boleh. (허락되지 않음)
띠닥　　볼레ㅎ

Tidak bisa. (가능하지 않음)
띠닥　　비사

★ 괜찮습니다.

Tidak apa-apa.
띠닥　　아빠　아빠

★ 그건 좀 곤란한데요.

Susah.
수사ㅎ

* susah 수사ㅎ 어려운, 곤란한

★ 좋은 생각이네요.

Ide yang bagus.
이데 양 바구스

★ 당연하죠!

Tentu saja!
뜬뚜 사자

★ 제발 알려주세요.

Tolong kasih tahu kepada saya.
똘롱 까시ㅎ 따우 끄빠다 사야

* kepada 끄빠다 ～에게

★ 아마도...(그럴걸요?)

Mungkin.
뭉낀

★ 잘 모르겠는데요.

Saya kurang tahu.
사야 꾸랑 따우

★ 저도요!

Saya juga.
사야 주가

★ 정말이에요. 믿어주세요.

Benar. Percayalah.
브나르 뻐르짜얄라ㅎ

② 이해했을 때

★ 이해되나요?

Mengerti?
믕으르띠

┉▶ 이해했습니다.= 알겠습니다.

Mengerti.
믕으르띠

┉▶ 와, 이제야 감이 잡히네요.

Wah, saya mengerti sekarang.
와　　사야　　믕으르띠　　스까랑

③ 되물을 때

★ 설마요*!*

Tidak mungkin*!*
띠닥　　뭉낀

★ 정말요?

Serius?
세리우스 / 스리우스

★ 믿을 수가 없군요.

Saya tidak bisa percaya itu.
사야　　띠닥　　비사　　뻐르짜야　　이뚜

★ 이해가 안 되는군요.

Saya tidak mengerti.
사야　　띠닥　　믕으르띠

★ 이해가 잘 안 되요. 잘 모르겠습니다.

Saya kurang mengerti.
사야　　꾸랑　　믕으르띠

★ 그 이상은 저도 모릅니다.

Saya tidak tahu selebihnya.
사야　띠닥　따후　슬르비ㅎ냐

Track 092

★ 그 외에는 모릅니다.

Saya tidak tahu selain itu.
사야　띠닥　따후　슬라인　이뚜

★ 그건 개인적인 일입니다.

Itu soal pribadi.
이뚜　소알　쁘리바디

★ 대답하고 싶지 않아요.

Saya tidak mau menjawab.
사야　띠닥　마우　믄자왑

★ 뭐라고 해야할지 모르겠네요.

Saya tidak tahu apa yang harus saya katakan. 수동태
사야　띠닥　따후　아빠　양　하루스　사야　까따깐

> **Tip**
> apa yang harus saya katakan (직역) 무엇이 저에 의해서 말이 되어져야 하는지
> ⇨ 즉, 무슨 말을 해야 할지
> Apa yang Anda katakan 당신에 의해 무엇이 말해지는지
> ⇨ 즉, 당신이 무슨 말을 하는지
> 이 두가지는 1인칭, 2인칭 주어가 (능동문의 주어)일 때 나타나는 수동문 구조이다.

★ 무슨 말을 하는지 모르겠습니다.

Saya tidak tahu apa yang Anda katakan.
사야　띠닥　따후　아빠　양　안다　까따깐

① 일반적인 부탁

★ (저를) **도와 주세요.**

Tolong bantu saya.
똘롱　　　반뚜　　　사야

★ 미안합니다만, **부탁합니다.**　　'미안합니다만, 도움 좀 부탁드리겠습니다' 라는 의미

Maaf, mohon bantuannya.
마아프　　모혼　　　반뚜안냐

★ 저 때문에 괜히 **번거롭게 해 드려서 죄송합니다.**

Maaf, merepotkan.
마아프　　　므레뽓깐

merepotkan 므레뽓깐 어떤 일을 누군가에게 부탁할 때 자주 쓰는 말이다. 인도네시아 사람들은 다른 사람에게 부탁을 하는 일을 그 사람을 곤란하게 하거나 바쁘게 할까봐 조심스러운 마음을 갖고 있다.

★ **저를 도와주실 수 있으신가요?**

Bisakah (Anda) membantu saya?
비사까ㅎ　　　(안다)　　　음반뚜　　　사야

누구에게 도움을 요청하는 것인지 분명할 때에는 2인칭(Anda)를 생략할 수도 있다.

★ **그 사람을**(3인칭 그/그녀) 도와주실 수 있겠습니까?

Bisakah Anda membantu dia?
비사까ㅎ　　　안다　　　음반뚜　　　디아

★**그 사람들**을 도와 주실 수 있겠습니까?

Bisakah Anda membantu mereka?
비사까ㅎ　　　안다　　　음반뚜　　　므레까

★ 부탁하나 드려도 될까요?

Boleh saya minta tolong?
볼레ㅎ　　사야　　민따　　똘롱

★ (저에게) 당신의 물건을 빌려 주세요.

Tolong pinjamkan barang Anda (kepada saya).
똘롱　　　삔잠깐　　　　　바랑　　안다　　（끄빠다）　사야

* punya Anda　뿐야 안다　당신 것

* barang Anda　바랑 안다　당신의 물건

★ 문/창문 좀 열어주세요.

Tolong bukakan pintu/jendela.
똘롱　　　부까깐　　　삔뚜　　즌델라

★ 주소를 알려 주세요.

Tolong beri/kasih tahu alamatnya.
똘롱　　　브리　까시ㅎ　따후　　알라맛냐

구어체에서는 **알려주다**라는 의미로 beri tahu 브리따우 보다 kasih tahu 까시 따후 를 더 많이
사용한다.

★ 잠시 시간 좀 내주시겠습니까? '잠시 시간이 있습니까?' 라는 의미

Ada waktu sebentar?
아다　　왁뚜　　스븐따르

★ 제 곁에 있어 주세요. '저를 떠나지 마세요' 라는 의미

Jangan tinggalkan saya.
장안　　　띵갈깐　　　사야

★ 저와 함께 있어 주세요. '저와 함께 가 주세요' 라는 의미

Tolong temani saya.
똘롱　　　뜨마니　　사야

* temani (menemani) 뜨마니 (므느마니)
동행하다, 함께 있어 주다

★ 혼자 있게 해 주십시오.

Tinggalkan saya sendiri.
띵갈깐　　　　사야　　슨디리

Biarkan saya sendiri.
비아르깐　　사야　　슨디리

★ 저에게 기회를 주십시오.

Tolong berikan kesempatan kepada saya.
똘롱　　　브리깐　　　끄슴빳딴　　　끄빠다　　사야

* kesempatan 끄슴빳딴　기회

★ 확인해 주십시오.

Tolong dicek.
똘롱　　디쩩

★ 좀 쉬어도 될까요?

Boleh istirahat sebentar?
볼레ㅎ　　이스띠라핫　　스븐따르

★ 제가 좀 끼어도 되겠습니까?

Boleh saya ikut (pergi)? '좀 따라가도 되겠습니까?'라는 의미
볼레ㅎ　　사야　　이꿋　　뻐르기

Boleh saya ikut mengobrol? '같이 얘기해도 되겠습니까?'라는 의미
볼레ㅎ　　사야　　이꿋　　뭉오브롤

★ (자리에서 일어나기를 요청하며) 저와 춤 추시겠습니까?

Mau melantai dengan saya?
마우　　물란따이　　등안　　사야

Mau ngedance dengan saya?
마우　　응으댄스　　등안　　사야

★ 저와 함께 가시겠습니까?

Mau pergi bersama saya?
마우　뻐르기　버르사마　사야

★ 담배를 피워도 괜찮습니까?

Boleh saya merokok?
볼레ㅎ　사야　므로꼭

┈▶ 안 됩니다. 이곳은 금연구역입니다

Tidak boleh. Di sini dilarang merokok.
띠닥　볼레ㅎ　디 시니　디(올)라랑　므로꼭

* dilarang 디(올)라랑 ～금지되어 있다.

★ 한 시간만 당신 컴퓨터를 사용해도 되겠습니까?

Boleh saya pinjam komputer Anda (selama) satu jam saja?
볼레ㅎ　사야　삔짬　콤뿌떠르　안다　슬라마　사뚜　잠　사자

* pinjam 삔짬 빌리다
* selama 슬라마 ～동안

★ 가능한 빨리 저에게 알려 주시겠습니까?

Apakah bisa memberitahu saya secepat mungkin?
아빠까ㅎ　비사　믐브리따우　사야　스쩨빳　뭉낀

* secepat mungkin 스쩨빳 뭉낀 가능한 빨리

★ 그 분이 어떤 분인지 제게 말씀 해주시겠습니까?

Bisa menceritakan kepada saya tentang dia?
비사　믄쯔리따깐　끄빠다　사야　뜬땅　디아

* menceritakan 믄쯔리따깐 이야기 해 주다

tentang dia 뜬땅 디아 그 사람에 대해서 ＝ * tentang 뜬땅 ～에 대해서
dia 디아 3인칭 그/그녀

★ 예. 그러겠습니다. / 좋습니다. / 알겠습니다.

Baiklah.

바익라ㅎ

★ 무엇을 도와 드릴까요?

Apa yang bisa saya bantu?

아빠　양　비사　사야　반뚜

★ 네, 기꺼이 도와 드리겠습니다.

Ya, saya ikhlas membantu Anda.
야　사야　이끌라스　믐반뚜　안다

* ikhlas 이끌라스 + 동사 기꺼이~하다

Ya, saya senang membantu Anda.
야　사야　스낭　믐반뚜　안다

* senang 스낭 + 동사 ~하는 것이 즐거운

★ 물론입니다./그렇고말고요.

Tentu saja.

뜬뚜　　사자

★ 그럼요. 문제없습니다.

Ya, tidak ada masalah.
야　띠닥　아다　마살라ㅎ

★ 그렇게 하십시오.

Silakan.

실라깐

★ 그 정도야 누워서 떡먹기입니다.　'아주 쉽습니다'라는 의미

Itu mudah sekali.

이뚜　무다ㅎ　　스깔리

★ 뭐든지 말씀만 해보십시오.

Apa pun itu bilang saja.

아빠　뿐　이뚜　빌랑　　사자

★ 내가 할 수 있는 일이라면 도와드리겠습니다.

Saya akan membantu Anda kalau bisa.

사야　아깐　음반뚜　　안다　깔라우　비사

★ 최대한 노력해 보겠습니다.

Saya akan mengusahakan semaksimal mungkin.

사야　아깐　믕우사하깐　　스막시말　　뭉낀

★ 가능하다면요. 뭡니까?

Kalau bisa. Apa itu?

깔라우　비사　아빠　이뚜

189

★ 곤란합니다.

Susah.
수사ㅎ

★ 죄송하지만, 할 수 없습니다.

Maaf, tidak bisa.
마아프　　띠닥　　비사

★ 안 되겠습니다.

Tidak bisa.　'가능하지 않다' 라는 의미
띠닥　　비사

Tidak boleh.　'허락되지 않음–안 됩니다'를 의미
띠닥　　볼레ㅎ

★ 아니, 괜찮습니다.

Tidak, tidak apa-apa.
띠닥　　띠닥　　아빠　아빠

★ 미안하지만, 내가 혼자하는 것이 편합니다.

Maaf, saya merasa lebih enak mengerjakan sendiri.
마아프　사야　므라사　(을)르비ㅎ 에낙　믕어르자깐　　슨디리

* merasa 므라사　느끼다

★ 다음에 언제 다른 기회가 있겠죠.

Mungkin akan ada kesempatan (yang) lain.
뭉낀　　아깐　아다　끄슴빳딴　　　양　(을)라인

❶ 권유

Track 096

★ 먼저 하세요.

Silakan duluan.
실라깐　　둘루안

Tip　먼저~하다는 silakan 실라깐 (영어의 *go ahead*)로 이해하면 된다.
모든 상황에서 silakan 실라깐 이라고 하는 것은 그 상황이 무엇이든 청자가 화자에게
어서 그렇게 하시지요라는 의미이다.
먼저라는 의미로 말을 하고 싶으면, 문미에 dulu(an) 둘루(안)를 붙이면 된다.
〈예〉 Silakan dimakan dulu. 실라깐 디마깐 둘루 ·먼저 드세요.

★ (먼저) 타세요.

(Silakan) Anda naik dulu.
실라깐　　　　안다　　나익　　둘루

Tip　실제로 차를 타야 하는 상황에서는, silakan 실라깐 만으로도 의미가 통하고, 긴 문장보다
흔히 사용된다.

★ 지금 출발합시다.

Mari kita berangkat sekarang.
마리　　끼따　　버르앙깟　　　스까랑

　　　　　　　　　　　　　　　* berangkat 버르앙깟 출발하다

★ 지금 (거기로) 돌아가는 편이 좋겠어요.

Lebih baik kita kembali ke sana.
(을)르비　　바익　　끼따　　끔발리　　　고　사나

★ 제게 좋은 생각이 있습니다.

Saya punya ide yang bagus.

사야　뿌냐　이데　양　바구스

★ 이제 그만 합시다.= 오늘은 이만 합시다.

Hari ini, sampai di sini saja.

하리　이니　삼빠이　디　시니　사자

★ 지금 시작하는 것이 좋을 것 같습니다.

Saya kira lebih baik kita mulai sekarang.

사야　끼라　(을)르비ㅎ 바익　끼따　물라이　스까랑

★ 한번 시도해 봅시다.

Mari kita coba.

마리　끼따　쪼바

★ 화해 합시다.

Kita berbaikan lagi saja.

끼따　버르바익깐　(을)라기　사자

★ 털어놓고 얘기합시다. = 솔직히 얘기해 봅시다.

Mari kita saling berterus terang.

마리　끼따　살링　버르뜨루스　뜨랑

★ 저한테 털어놓고 얘기 해 보세요.

Curhat saja kepada saya.

쭈르핫　사자　끄빠다　사야

★ (그런 의미에서) 우리 악수나 한 번 합시다.

Mari kita berjabat tangan.

마리　끼따　버르자밧　땅안

★ 먼저 드세요.

Silakan dimakan dulu.

실라깐　디마깐　둘루

★ 저 먼저 갑니다.

Saya (pergi) duluan.

사야　뻐르기　둘루안

★ 이건 어떻습니까?

Kalau ini, bagaimana?
깔라우　　이니　바가이마나

★ 저랑 쇼핑 가시겠어요?

Mau berbelanja dengan saya?
마우　　버르블란자　　　등안　　　사야

Mau *shopping* (ber)sama saya? 영어혼용은 바람직하지 않으나 자주 사용된다.
마우　　쇼삥　　　(버르)　사마　　사야

★ 내일, 저녁이나 같이 먹을까요?

Besok, bagaimana kita makan bersama?
베속　　바가이마나　　　끼따　마깐　　버르사마

Besok, bagaimana kita makan bareng?　　* bareng 바릉 함께, 같이
베속　　바가이마나　　　끼따　마깐　　바릉

★ 도와 드릴까요?

Mau saya bantu?
마우　사야　반뚜

★ 제가 가방을 들어드릴까요?

Bagaimana kalau saya bawakan tas Anda?
바가이마나　　　　깔라우　사야　바와깐　　따스　안다

★ 제가 안내를 해 드려도 될까요?

Bolehkah saya memandu Anda?
볼레까ㅎ　　사야　므만두　　안다

★ 창문을 열까요?

Bagaimana kalau jendelanya dibuka?
바가이마나　　　깔라우　　즌델라냐　　　디부까

* dibuka 디부까 (창문이 누군가에 의해) 열리다

★ 저하고 드라이브 가시겠습니까? (제가 운전할 테니 드라이브 가실래요?)

Mau **berkeliling** dengan saya?
마우　　버르끌릴링　　　등안　　　사야

Saya yang **menyetir** sambil mengobrol di dalam mobil.
사야　　양　　므녀띠르　　삼빌　　믕오브롤　　디　달람　　모빌

* berkeliling 버르끌릴링 둘러보다 돌아다니다

* menyetir 므녀띠르 운전하다

★ 괜찮다면 같이 가시죠.

Kalau mau, **mari kita pergi bersama**.
깔라우　마우　　마리　　끼따　　뻐르기　　버르사마

★ 나가서 산책이나 합시다.

Mari kita **berjalan-jalan santai** di luar.
마리　끼따　버르잘란　　잘란　　산따이　　디　(을)루아르

 걷는 문화가 없어 산책은 주로 주택가(가로수길)에서 한다.

★ 커피 한잔 드시겠어요?

Mau minup kopi?
마우　　미눕　　꼬삐

★ 기왕에 왔으니까 여기서 식사를 하는 게 좋을 것 같아요.

Saya kira lebih baik kita makan di sini sekalian.

사야　끼라　(을)르비ㅎ　바익ㅎ　끼따　마깐　디 시니　스깔리안

★ 식사하며 이야기를 나눌 수 있겠습니까?

Bisa kita mengobrol sambil makan bersama?

비사　끼따　믕오브롤　삼빌　마깐　버르사마

* sambil 　삼빌　～하면서

★ 좋을실대로 하십시오. 　영어의 *It's up to you* 과 같다

Terserah.

떠르스라ㅎ

★ 편히 앉으십시오.

Silakan duduk di sini dengan santai.

실라깐　두둑　디 시니　등안　산따이

★ 오늘밤 공연을 보러가시겠습니까?

Mau pergi menonton pertunjukan itu malam ini?

마우　뻐르기　므논똔　뻐르뚠죽깐　이뚜 말람　이니

* pertunjukan 　뻐르뚠죽깐　공연

★ 빠르면 빠를수록 좋습니다.

Lebih cepat lebih baik.

(을)르비ㅎ　쩨빳　(을)르비ㅎ　바익

★ 담배는 끊는 게 좋습니다.

Lebih baik berhenti merokok.

(을)르비ㅎ　바익　버르흔띠　므로꼭

★ 그거 좋은 생각입니다.
Ide yang bagus!
이데 양 바구스

★ 네, 그렇게 하겠습니다.
Oke, saya akan melakukannya.
오케 사야 아깐 믈라꾸깐냐

★ 그것도 나쁘지 않군요.
Itu juga tidak jelek.
이뚜 주가 띠닥 쯜렉

* jelek 쯜렉 나쁜 ; 못 생긴

★ 감사합니다. 그렇게 해 주십시오. 직역 : 그렇게 하길 원합니다.
Terima kasih. Saya mau seperti itu.
뜨리마 까시ㅎ 사야 마우 스뻐르띠 이뚜

★ 당신이 말한 대로 하겠습니다.
Saya akan melakukan sesuai dengan kata Anda.
사야 아깐 믈라꾸깐 스수아이 등안 까따 안다

★ (당신이) 부탁하신대로 하겠습니다.
Saya akan melakukan sesuai dengan permintaan Anda.
사야 아깐 믈라꾸깐 스수아이 등안 뻐르민따안 안다

★ 기꺼이 당신의 제안을 받아들이겠습니다.
Saya akan menerima saran Anda dengan senang hati.
사야 아깐 므느리마 사란 안다 등안 스낭 하띠

★ 사양하겠습니다. '받지않겠습니다'라는 의미

Saya tidak akan menerimanya.

사야　띠닥　아깐　므느리마냐

★ 고맙지만, 필요 없습니다.

Terima kasih, tapi tidak perlu.

뜨리마　까시ㅎ　따삐　띠닥　뻐르(올)루

tapi 따삐 는 tetapi 뜨따삐 의 줄임말로, 일상 대화에서 많이 쓰인다.

★ 그렇게 하지 않으셔도 됩니다. (=그럴 필요 없습니다.)

Tidak usah.

띠닥　우사ㅎ

★ 죄송하지만, 지금은 안됩니다.

Mohon maaf, tidak bisa sekarang.

모혼　마아프　띠닥　비사　스까랑

★ 그럴 생각이 없습니다. '그렇게 할 계획/생각이 없다'는 의미

Saya tidak berencana melakukan itu.

사야　띠닥　버른짜나　믈라꾸깐　이뚜

Saya tidak akan melakukannya.

사야　띠닥　아깐　믈라꾸깐냐

★ 가고 싶지만, 약속이 있습니다.

Saya juga ingin ikut, tapi saya ada janji.

사야　주가　잉인　이꿋　따삐　사야　아다　잔지

★ 다른 용무가 있어서....

Saya ada urusan lain...
사야　아다　우루산　(을)라인

★ 저는 반대입니다.

Saya tidak setuju.
사야　띠닥　스뚜주

★ 그럴 기분이 아닙니다.

Saya sedang bete. 친구들 사이에서 쓴다　　　　　* bete　베떼 (비격식)기분이 나쁜
사야　스당　베떼

Saya tidak ingin melakukan hal itu sekarang.
사야　띠닥　잉인　물라꾸깐　할　이뚜　스까랑

★ 그렇다면 제가 알아서 하겠습니다. '제가 결정을 하겠습니다' 라는 의미

Kalau begitu, saya yang akan putuskan.
깔라우　브기뚜　사야　양　아깐　뿌뚜스깐

1 계획

★ 새로운 사업을 시작 할 예정입니다.

Saya berencana memulai bisnis baru.
사야　　버른짜나　　　　므물라이　　　　비스니스　　바루

Track 100

★ 모두 계획대로 잘 진행되었나요?

Semuanya berjalan lancar sesuai dengan perencanaan?
스무아냐　　　　버르잘란　　　(을)란짜르　　스수아이　　등안　　　　뻐른짜나안

★ 이번 주말에 여행갈 계획입니다.

Saya berencana jalan-jalan akhir minggu ini.
사야　　버른짜나　　　　잘란　　잘란　　아히르　　밍구　　　　이니

★ 다음 주에 한국으로 돌아 갑니다.

Saya pulang ke Korea minggu depan.
사야　　뽈랑　　　　고　　꼬레아　　밍구　　　　드빤

★ 아침 9시에 출발할 예정입니다.

Saya akan berangkat (pada) jam 9.
사야　　아깐　　버르앙깟　　　(빠다)　　잠　　승빌란

Tip pada 빠다 는 시간을 나타내는 전치사 ～에로 구어체에서 흔히 생략된다.

cf jam 9 malam 잠 승빌란 말람　밤 9시

★ 결정하셨습니까?

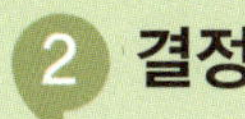 Track 101

Sudah diputuskan?
수다ㅎ　　　디뿌뚜스깐

Sudah dipilih? '선택했습니까?' 라는 의미
수다ㅎ　　　띠삘리ㅎ

★ 아직 결정을 못했습니다.

Saya belum memutuskan.
사야　　블룸　　　　므무뚜스깐

> ❋ 아직～못 했습니다
>
> **Saya belum ✛ 동사**
> 사야　　블룸

★ 아직 거기 가 본적이 없습니다.

Saya belum pernah ke sana.
사야　　블룸　　　뻐르나ㅎ　　　끄　　사나

> ❋ 아직～해 본적이 없다.
>
> **belum pernah**
> 블룸　　　뻐르나ㅎ

★ 천천히 결정해도 됩니까? '더 생각해도 됩니까?' 라는 의미

Boleh saya berpikir lagi?
볼레ㅎ　　사야　　버르삐끼르　　　(을)라기

★ 밤새 잘 생각해 보십시오.

Coba dipikirkan lagi selama satu hari.
쪼바　디삐끼르깐　(을)라기 슬라마　사뚜　하리

* lagi (을)라기　다시

★ 나는 프로그래머가 되기로 결심했습니다.

Saya memutuskan untuk menjadi programmer.
사야　므무뚜스깐　운뚝　은자디　쁘로그라머르

★ 며칠 생각할 시간을 더 주십시오.

Tolong berikan beberapa hari lagi untuk memikirkannya.
똘롱　브리깐　브브라빠　하리　(을)라기 운뚝　므미르깐냐

★ 그건 제 마음대로 결정할 수가 없습니다.

Kalau itu, saya tidak bisa memutuskannya sesuka hati saya.
깔라우　이뚜　샤아　띠닥　비사　므무뚜스깐냐　스수까　하띠　사야

* sesuka hati 스수까 하띠　마음대로

★ 어떻게 해야할 지 모르겠습니다.

Saya tidak tahu bagaimana harus melakukannya.
사야　띠닥　따우　바가이마나　하루스　믈라꾸깐냐

★ 동전을 던져서 결정합시다.

Mari kita putuskan dengan cara melempar koin.
마리　끼따　뿌뚜스깐　등안　짜라　믈렘빠르　꼬인

* dengan cara 등안 짜라　~방법으로
* melempar koin 믈렘빠르 꼬인　동전을 던지다

⑧ 충고 · 주의

① 충고

★ 최선을 다하십시오.

Kerjakanlah sebaik mungkin.
꺼르자깐라ㅎ　　　　스바익　　뭉낀

★ 자존심을 버리세요.

Jangan terlalu egois. '너무 이기적으로만 행동하지 마세요' 라는 의미
장안　　　　떠르(올)랄루　에고이스

★ 고집 피우지 마세요.

Jangan keras kepala.
장안　　　꼬라스　　꼬빨라

★ (어떤 일을 할 때) 진지하게 하십시오.

Kerjakanlah dengan serius.
꺼르자깐라ㅎ　　　등안　　스리우스

Kerjakanlah dengan sungguh-sungguh.
꺼르자깐라ㅎ　　　등안　　숭구ㅎ　　숭구ㅎ

★ 그만두세요.

Berhentilah.
버르흔띠(일)라ㅎ

★ 어른답게 행동하세요.

Anda harus bersikap seperti dewasa.
안다　　하루스　　버르시깝　　스뻐르띠　데와사

★ 농담이 너무 심하네요.

Bercandanya berlebihan.

버르짠다냐　　　버르(을)르비한

* berlebihan　버르(을)르비한 (정도가)넘어선

★ 제 말에 귀를 기울이십시오.

Tolong dengarkan saya dengan baik-baik.

똘롱　　　등아르깐　　　사야　　　등안　　　바익　　바익

★ 그 사람은 나에게 많은 충고를 해 주었습니다.

Dia banyak menasihati saya.

디아　바냑　　　므나시핫띠　　　사야

★ 지금 가는 편이 좋겠어요.

Lebih baik saya berangkat sekarang.

(을)르비ㅎ　바익　사야　　버르앙깐　　　스까랑

★ 담배와 술을 끊으셔야 합니다.

Anda harus berhenti merokok dan minum.

안다　　하루스　　버르흔띠　　　므로꼭　　　단　　미눔

★ 실수를 할까봐 두려워 마세요.

Tidak usah takut bersalah.

띠닥　　우사ㅎ　따꿋　　버르살라ㅎ

* bersalah　버르살라ㅎ 잘못을 하다

Track 103

★ **멈춰요!**

Berhenti!

버르흔띠

★ **조심하세요.**

Hati-hati.

하띠　　하띠

★ **각별히 주의하십시오.**

Harus lebih berhati-hati.

하루스　(을)르비ㅎ　버르하띠　　하띠

★ **길 조심 하세요.**

Hati-hati di jalan.

하띠　　하띠　디　잘란

> **Tip**
> TTDJ 띠띠디제이 : hati-hati di jalan을 줄여 격의 없이 친한 사람들 사이에서 쓰는 말이다.
> TiTi DJ 라는 가수도 있다.

★ **어떠한 경우라도 반드시 내게 알려주십시오.** '그게 **무엇이라도** 제게 알려주세요' 라는 의미

Tolong kasih tahu saya apa pun itu.

똘롱　　까시ㅎ　따우　사야　아빠　뿐　이뚜

★ **그 곳에 가시면 안 됩니다.**

Tidak boleh pergi ke sana.

띠닥　볼레ㅎ　뻐르기　끄　사나

★ **잊지 마세요.**

Jangan lupa.

장안　　　　(을)루빠

★ 오해하지 마세요.

Jangan salah paham.
장안　　　살라ㅎ　　빠함

★ 화내지 마세요.

Jangan marah.
장안　　　마라ㅎ

★ 개의치 마세요.

Tidak usah dipikirkan. '신경쓸 필요 없어요.' 라는 의미
띠닥　　우사ㅎ　　디삐끼르깐

Tidak apa-apa. '괜찮아요.' 라는 의미　　=　Enggak apa-apa.
띠닥　아빠　아빠　　　　　　　　　　　　　　응각　　　아빠　아빠

★ 나를 실망시키지 마세요.

Jangan mengecewakan saya.
장안　　　응으쩨와깐　　　　　　사야

★ 사람 놀리지 마!(바보 취급하지 마!)　'전 멍청하지 않아요.' 라는 의미

Saya tidak bodoh!
사야　띠닥　보도ㅎ

★ 비밀을 지키세요.　'이 비밀이 새어나가게 하지 마세요.' 라는 의미

Jangan membocorkan rahasia ini.
장안　　　음보쪼르깐　　　　라하시아　　이니

★ 격식 따위는 너무 따지지 마세요.

Tidak usah bersikap terlalu formal.
띠닥　　우사ㅎ　버르시깝　　떠르(올)랄루　포르말

★ 이제 싸움은 그만 합시다.

Kita tidak usah bertengkar.
끼따　띠닥　우사ㅎ　버르뚱까르

Track 103

* bertengkar(mulut) 버르뚱까르(물룻) (말) 싸움하다

★ 제발 언성을 높이지 마세요.

Jangan bersuara keras.
장안　버르수아라　끄라스

★ 제발 욕 좀 그만 하십시오.

Jangan memaki terus.
장안　므마끼　뜨루스

* memaki 므마끼 계속 욕을 하다

★ 자기가 한 말은 책임져야 합니다.

Orang harus mempertanggungjawabkan apa yang sudah dikatakan.
오랑　하루스　믐뻐르땅궁자왑깐　　아빠　양　수다ㅎ　디까따깐

★ 법대로 하는 것이 좋을 것 같습니다.

Saya kira lebih baik kita selesaikan secara hukum.
사야　끼라　(을)르비ㅎ 바익　끼따　슬르사이깐　　스짜라　후꿈

★ 말보다는 행동이 중요합니다.

Lebih penting tindakan daripada sekadar kata-kata.
(을)르비ㅎ 쁜띵　띤닥깐　다리빠다　스까다르　까따　까따

디지스 인도네시아어

**카카오플러스에서 1:1 상담으로
함께 공부하세요!**

저자 Universitas Gadjah Mada 민선희 / 외국어교육팀
4판 1쇄 2018년 5월 25일　　발행인 김인숙　　　　발행처 디지스
Editorial Director 김인숙　　컨텐츠 기획 김태연　　Designer 김미선
Printing 삼덕정판사

139-240
서울시 노원구 공릉동 653-5

대표전화 02-963-2456
팩시밀리 02-967-1555
출판등록 제 6-694호
ISBN 978-89-91064-76-8